D1471745

LE
STRETCHING

Cet ouvrage a été originellement publié par
ÉDITIONS TCHOU
6, rue du Mail, 75002 Paris

sous le titre: LE STRETCHING

©1982, 1985, Éditions Sand
©1991, Éditions Quebecor, Jean-Pierre Moreau

Dépôt légal, 4e trimestre 1991
Bibliothèque nationale du Québec
Bibliothèque nationale du Canada
ISBN: 2-89089-871-7

LES ÉDITIONS QUEBECOR
une division de Groupe Quebecor inc.
4435, boul. des Grandes Prairies
Montréal (Québec)
H1R 3N4

Distribution: Québec Livres

Conception et réalisation graphique de la page couverture:
Bernard Langlois

Illustration de la couverture: Bernard Langlois

Photos de l'intérieur: Patrick Segal

LE
STRETCHING

OU LA GYMNASTIQUE
DE L'INSTINCT

Jean-Pierre Moreau

Les Éditions Québecor

Préface

Préfacer un livre c'est un peu comme monter sur le Tatami pour diriger la leçon sous l'œil du maître.

Avant que le geste ne se substitue à la parole, je me suis mis en position de méditation comme lui jadis dans le Dojo.

Pourquoi m'a-t-il choisi pour expliquer cette gymnastique de l'instinct, cette radioscopie du corps ?

Un jour il m'a parlé de trajectoire, de transfert des masses, de liberté... Alors la mémoire lentement s'est étirée, dégageant chaque cellule de la ruche jusqu'à tracer une courbe ascendante dont le point de départ serait le néant. Il me demandait, au travers de ma vie, de ce cheminement obscur vers les sommets, d'expliquer aux élèves que nous sommes le pourquoi de l'étirement, du déroulement du corps-chrysalide jusqu'à l'être-papillon.

Je reconnaissais bien là l'esprit du maître, m'obligeant à dérouler par parabole le tissu de l'homme.

Un jour, ce fut la nuit... et derrière l'horizon une lueur invisible continuait de briller. Je m'accrochais aux parcelles de vie pour sortir de la mort où mon corps s'était recroquevillé.

Tout ce qui avait fait de moi un homme équilibré, bien en appui sur ses bases, s'était envolé ; seuls restaient le verbe et l'instinct. La ruche endormie allait se réveiller et, comme un conquérant à l'assaut d'une citadelle, je me levais, mettant en action mes pulsions, redressant le buste, puis la tête, cherchant de mes bras le corps de l'autre.

Je découvrais le sens de l'éveil, un feu partant du ventre, une fantastique diffusion de l'énergie, qui longtemps après se muait en rayonnement. Ce qui m'arriva, il y a dix ans de cela, est une réalité poussée à son paroxysme et dont nous pourrions tout de suite tirer un enseignement : « L'homme est en danger de ramollissement. » Toutes les agressions de l'environnement le poussent à se replier, à se créer des systèmes de défenses gélatineux, des cocons d'où il ne sortira plus jamais.

Voilà pourquoi des sages ont cherché, depuis l'Antiquité, à mobiliser les énergies non seulement pour redresser l'homme, mais lui donner un centre de gravité autour duquel ses membres, sa colonne et sa tête vont bouger, tourner, s'étendre, comme pour chercher des fruits invisibles sur l'arbre de la création.

En me demandant de préfacer ce livre, Jean-Pierre Moreau voulait peut-être que l'on s'échappe un peu du cours traditionnel pour retrouver l'instinct de survie, le bond de l'animal, le cri qui sort des tripes, et puis la lente bouffée de chaleur qui irradie, inonde la tête jusqu'à vous faire sourire comme le sage au fait de sa quête, « parce que c'est toujours ainsi ».

Je pourrais vous emmener par le verbe loin, très loin,

sur les hauts plateaux du Tibet où s'étirer est un geste naturel et relationnel, en Chine où un milliard de personnes pratiquent le *Tai Chi Chuan,* en Afrique chez les Masaïs, si élancés que la terre paraît petite.

Je pourrais... mais voilà je sens monter en moi le besoin irrésistible d'étirer mon corps et, que le maître me le permette, de commencer la leçon...

Patrick SEGAL

Avant-propos

Transmettre le fruit d'une expérience personnelle est toujours une entreprise hasardeuse. C'est pourquoi je tiens à préciser quelques idées d'ordre général qui mettront le lecteur en situation favorable à l'étude et à la compréhension des techniques volontairement simplifiées que je lui suggère.

Ce livre n'est pas réservé à des spécialistes ; bien au contraire il devrait intéresser toute personne soucieuse de l'entretien et de l'harmonie de son corps. Il faut d'ailleurs noter que ces techniques sont à la portée aussi bien des très jeunes enfants que des adultes et des personnes du 3e âge.

À égale distance de la gymnastique et des techniques du yoga, cette méthode douce, où l'intensité de l'effort croît avec le degré de technicité, permet à chacun une adaptation personnelle.

De l'enfant à l'adulte, l'esprit de la méthode sera le même, seules les motivations différeront.

Le comportement et l'instinct

Il ne suffit pas de dire à un enfant « tiens-toi droit » pour résoudre ses problèmes complexes de statique vertébrale. Une jeune adolescente qui se voûte, gênée par la présence d'une poitrine naissante ou d'un corps qui s'allonge trop vite, a besoin qu'on lui explique son corps.

L'enfant qui tient à peine debout est en quête permanente de la position de son corps dans l'espace.

Certains acquis de la motricité peuvent s'altérer à l'âge adulte, soit pour des raisons physiques soit pour des raisons psychiques. Cependant rien n'est totalement perdu, et l'adulte, bien souvent, ne le sait pas.

La vie moderne fait de l'adulte un enfant au comportement de vieillard. « L'homme-enfant » porte en lui le besoin de s'extérioriser, de « jouer » au sens le plus large du terme. De nombreuses situations de la vie courante altèrent cette spontanéité.

La notion de fuite ou d'attaque est remplacée par une sorte de compromis appelé raison sociale, qui entraîne fatalement des troubles. Cette structure sociale engendre des réactions du comportement : le besoin de lutter avec soi-même et de se surpasser, le besoin de liberté à travers la liberté du corps, le besoin de chercher des pulsions et des sensations profondes, réponses à l'angoisse et à l'instabilité du monde, le besoin de mieux communiquer avec soi-même et d'établir ainsi un meilleur contact humain.

Tous ces besoins se regroupent finalement en deux classes distinctes, l'une liée à la conservation de l'espèce, l'autre liée à l'environnement social.

Dans ce schéma, l'histoire nous prouve que la différence des sexes ne semble pas interférer et à ce sujet il est bon de rappeler, peut-être avec une pointe de malice, qu'à l'âge paléolithique il y avait une plus grande similitude dans l'aspect morphologique des uns et des autres. La femme était constitutionnellement très peu différente de l'homme, seule la spécialisation des tâches a déterminé une sélection génétique propre à accentuer les différences.

De même à notre époque d'égalité des sexes et de partage sensiblement égalitaire des tâches, nous assistons au phénomène inverse tant dans le domaine du comportement que dans l'aspect morphologique : silhouettes de femmes masculinisées, vêtements unisexes, etc.

Si l'on jette un regard sur l'évolution de l'homme, né il y a 2 millions d'années, on s'aperçoit qu'il a survécu grâce à la chasse et à la pêche pendant plus des neuf dixièmes de sa présence sur la terre. Les aptitudes physiques et sensorielles du chasseur étaient finalement proches de celles du gibier.

L'homme a découvert le feu et à partir de cet instant

n'a cessé d'inventer des techniques, de développer son intelligence et d'économiser ses muscles.

Nous pouvons constater qu'actuellement les races humaines subissent une mutation accélérée, infiniment plus rapide que dans les époques passées. Comparé à son état primitif, le drame de l'homme n'est-il pas l'économie de lui-même au profit d'une machine qui en fait l'a asservi ?

Tout comme les galaxies ont une naissance et une fin, le règne de l'homme est lui aussi limité dans le temps.

Privilégier à l'infini les qualités intellectuelles par rapport aux qualités physiques devient dangereux, et nous coupe des racines profondes liées à la connaissance et à la préservation de la nature, seuls garants de notre survie. Méfions-nous de toute évolution qui pourrait nous amener à perdre nos réflexes protecteurs, car au bout de la chaîne nous accepterions froidement la perspective d'un holocauste général comme ultime réponse à une situation qui nous apparaîtrait sans solution.

Ne serait-ce pas là une preuve flagrante des limites de l'intelligence, et la solution ne devrait-elle pas venir plutôt de notions plus instinctives, dans la mesure où nous sommes encore capables de retrouver l'image de notre passé primitif ?

Plus nous progressons dans l'organisation de moyens technologiques avancés, plus notre corps sommeille. Puisse-t-il ne jamais oublier ! Nous commençons donc à entrevoir la place prépondérante que jouera l'instinct dans notre devenir.

La longue marche de l'espèce humaine est semée

d'embûches et le non-respect des caractéristiques fondamentales de l'homme met en péril son équilibre, altère sa sensibilité, émousse son sens des responsabilités.

Ainsi sur la route, un accident de voiture mobilise de moins en moins de gens pour porter secours et l'on retrouve ce phénomène chaque fois qu'un événement perçu collectivement n'implique pas *ipso facto* une action individuelle.

C'est là un des aspects négatifs d'une société trop cloisonnée, trop hiérarchisée dans son fonctionnement, où chacun se retranche derrière le paravent de la responsabilité collective, ce qui lui permet de limiter avec bonne conscience sa responsabilité propre.

Identité, intégrité, respect d'autrui, s'accommodent mal de ce *modus vivendi*. Seul un retour fréquent de l'homme à l'intérieur de lui-même peut modérer l'emprise d'un mécanisme de vie collective que, pratiquement, l'on ne maîtrise plus tant les rouages en sont complexes et les limites non définies. Dans cet imbroglio des choix qui jalonnent l'existence, chacun doit maîtriser sa barque comme il le peut, la difficulté consistant bien entendu à adopter une attitude cohérente, dont la récompense suprême est l'harmonie du corps et de l'esprit : cette harmonie n'est souvent pas compatible avec l'organisation sociale actuelle dans la mesure où celle-ci ne respecte pas l'essence même de l'homme.

Comment peut-il se protéger s'il n'est pas conscient de son organisation interne, faite d'une multitude de rouages intimement liés les uns aux autres dans leur fonctionnement et qui s'appellent les rythmes ?

D'ailleurs la connaissance des biorythmes tels qu'ils ont été largement diffusés n'est que l'explication squelettique d'un ensemble étonnamment complexe qu'il faut replacer au sein de l'horloge cosmique. Certes, il est intéressant de savoir que nous évoluons suivant une courbe physique de 23 jours, émotionnelle de 28 jours et intellectuelle de 33 jours, mais il est tout aussi important d'étudier la multitude d'interférences prévisibles ou imprévisibles qui risquent de peser un jour sur notre organisme et de nous faire basculer dans une désorganisation physique ou psychologique dont nous paierons seuls le tribut.

À l'image de la cellule la plus primitive dont il est issu, l'homme n'est que l'expression d'une foule de rythmes qui battent en lui. Les fleurs, les plantes ont également une organisation rythmique. Bref, tout ce qui est vie est rythme.

C'est pourquoi, lié à des impératifs de production et donc de surenchère, nous ne pouvons plus respecter les lois qui nous lient avec la nature : par exemple, il faudrait prendre nos vacances au moment le plus favorable, c'est-à-dire l'hiver, ne pas travailler la nuit, la période la plus défavorable se situant entre 2 heures et 6 heures du matin, ne pas traverser cinq ou six fuseaux horaires en avion tout en soutenant, comme si de rien n'était, le même rythme d'activité.

Il suffirait de mesurer simplement les pourcentages de sels minéraux consommés pour comprendre l'effort démesuré qui est demandé à notre organisme.

Il est inutile d'allonger la liste noire des agressions qui peuvent altérer notre intégrité, l'essentiel est de s'organiser pour que l'addition ne soit pas finalement trop lourde.

Mais peut-être plus grave encore est la menace qui pèse sur l'avenir de notre instinct collectif, car il est le garant entre autres de notre patrimoine génétique. Instinct, mémoire, comportements collectifs sont transmis pour le meilleur et pour le pire. Voyons comment.

Plusieurs souris vivent en un lieu où, en un point donné, existe une contrainte particulière (signal électrique, chaleur excessive...). Sortons ces souris de leur emplacement et laissons-les se reproduire jusqu'à la quatrième ou la cinquième génération. Replaçons cette cinquième génération de souris dans le lieu primitif. Elle aura conservé en partie la mémoire de l'emplacement contraignant. Cette expérience symbolique est à resituer dans un contexte humain. Nous avons tous eu à différents moments de notre existence des pulsions inexplicables dont l'origine remonte en fait à des générations antérieures, elles-mêmes induites par des images remontant la nuit des temps.

Altérer l'image d'un corps construit, c'est favoriser le premier pas d'un processus de disharmonie collective qui peut engendrer l'holocauste probable dont nous avons parlé tout à l'heure.

C'est peut-être pour cela que nous verrons renaître dans les générations futures une éducation plus exigeante, à l'inverse de notre époque où les parents, pris entre le doute et l'appréhension, se sentent mal à l'aise et en porte-à-faux dans un monde décodé, sans visage et sans loi.

Bien sûr un comportement sain, une mémoire intacte, un instinct vigilant devraient permettre l'épanouissement de notre personnalité sans que s'interpose constamment la notion de sanction sociale, frein considérable à la recherche d'une vérité intérieure.

L'image du jeune homme ou de la jeune fille qui se promène dans les rues de la ville le walk-man sur les oreilles est très significative d'une attitude égocentrique et narcissique. Sait-il qu'en se coupant de toute communication et de toute perception du monde extérieur, il est peut-être le premier maillon d'un déséquilibre que la chaîne des générations futures risque de payer pour lui ?

D'autre signes vont dans le sens de ce raisonnement. Une discrimination ridicule sélectionne dès le plus jeune âge les enfants en fonction de leur intelligence. Il vaudrait mieux développer leurs qualités physiques et sensitives car, je le répète, la question fondamentale n'est-elle pas la préservation à long terme du capital humain, creuset essentiel d'un équilibre générateur de tout épanouissement ?

Un autre ennemi de l'instinct est « l'habitude », car elle apporte son train de conditionnements où l'originalité disparaît peu à peu. Le fameux « métro, boulot, dodo » nous épuise car il exclut toute référence à la vie saine, et de plus il altère implacablement nos facultés de jugement.

Prisonnier de ses propres contradictions, l'homme craint toujours d'être au bout d'une nouvelle décadence, et dans le même temps tourne le dos aux moyens qui lui permettraient de mieux maîtriser sa vie. Il existe pourtant une référence constante que l'on peut observer quotidiennement : le monde animal.

L'étude du comportement des animaux nous enseigne qu'en plus de l'utilisation souveraine des sens, la mobilité, la souplesse, la détente contribuent elles aussi à la conservation de l'instinct. Retrouver les qualités physiques et instinctives de l'animal n'est cependant pas suffisant pour nous et il ne faut pas nier le rôle de l'intelligence à condition qu'elle soit au service de l'espèce et non l'agent de sa destruction.

L'intelligence doit classifier, analyser, exploiter le domaine de l'héritage génétique où se mêlent l'instinct, la mémoire, la perception, l'expérience. Voici un exemple simple de cette exploitation : chaque année la mode féminine nous apporte ses formes nouvelles et je crois personnellement en la bonne foi de certains couturiers qui déclarent ne jamais s'être concertés et aboutissent comme un seul homme à un ensemble de lignes identiques. Mis à part le jeu même de la pratique du métier, il est indéniable que ces professionnels travaillant dans un même monde enregistrent des informations identiques (odeurs, bruits, couleurs, rythmes, émotions) qui sont en fait des milliers d'impulsions qui pénètrent par de minuscules canaux sensitifs au siège de l'information.

C'est là seulement que l'intelligence, aux formes multiples, décodera l'ensemble et déterminera les choix.

En amont, il faut donc se rendre disponible et prendre le précieux temps nécessaire à l'accumulation des données, faute de quoi nous assistons à la dégradation de l'énorme machine du cerveau et en particulier de ses éléments de synthèse et de commandement.

Le raisonnement est identique en ce qui concerne le comportement et l'intelligence collectifs. C'est pourquoi l'installation d'une véritable société des loisirs soutenue par la presse, voire même par de puissants groupes financiers, n'est pas uniquement l'expression d'une mode passagère. Elle est surtout le résultat de la somme des impulsions perçues collectivement : besoin de conservation et d'épanouissement, désir d'un frein à l'expansion technologique, besoin de nature et de rythme plus proche de l'horloge cosmique ; toutes ces impulsions individuelles cheminent pêle-mêle dans le grand cerveau collectif.

Il faut donc aller plus loin dans l'analyse des grands courants qui forgent l'histoire et en mesurer le bien-fondé, c'est-à-dire celui qui passe par l'épanouissement de l'individu et non par son asservissement.

Le culte du corps retrouvé s'inscrit tout naturellement dans la logique de nos déterminants. Il est le support d'une conduite sécurisante favorisant les exigences biologiques et sociales. Dans l'entre-deux-guerres, il s'appelait méthode « Hébert » et maintenant « gymnastique aérobique », « body-building », ou « stretching ». Cette évolution est nécessaire et marque incontestablement notre temps.

La méthode du « Stretching »

La méthode que je propose doit permettre une progression relativement rapide, dans la mesure où l'on s'imprégnera de l'esprit et des points techniques qui vont suivre.

Les sensations

Peu habitué à ce type d'exercice où la concentration joue un rôle primordial, le novice a peu de chances de ressentir dès la première séance toutes ces sensations de libération articulaire, d'étirement profond et de contraction musculaire intense. Par contre, il pourra noter très rapidement une élévation quasi immédiate de son pouls, une impression de chaleur profonde ainsi qu'une sensation d'éveil supérieure à l'accoutumée.

La concentration

Ne pas débuter une séance de *Stretching* sans le recueillement nécessaire à l'appel d'une volonté intérieure qui prélude au désir de retrouver toute libération corporelle par l'intermédiaire de l'effort consenti. Une séance complète de *Stretching* doit donc être précédée d'une mobilisation de l'esprit et du corps de 10 minutes environ.

Sur un rythme respiratoire très lent, mobiliser dans tous les axes possibles la tête, puis successivement le reste de la colonne vertébrale, les épaules, les poignets, les doigts.

S'asseoir et mobiliser de la même manière les hanches, les genoux, les chevilles. Une attention toute particulière sera portée à la mobilisation des pieds : griffe plantaire, suivie d'une flexion dorsale du cou-de-pied, tout en écartant les doigts de pied au maximum. Concentrez-vous sur le cinquième orteil qui bien souvent aura du mal à s'écarter de son voisin.

Levez-vous après ces exercices et prenez la position de base du *stretcher*.

La respiration

Elle est capitale et se divise en trois phases :
— la petite respiration,
— la grande respiration forcée,
— la grande respiration douce.

La petite respiration

Elle est utilisée pendant toute la durée du *stretch*. Inspirer lentement par le nez en s'appliquant à faire entrer un volume d'air sensiblement égal à celui que l'on va littéralement « cracher » par la bouche.

C'est une respiration en boucle dont le rythme est invariable et qui n'intéresse que les voies respiratoires supérieures. Il y a donc dans ce cas précis un équilibre entre les volumes d'air inspirés puis expirés.

La grande respiration forcée

C'est la respiration de détente entre deux *stretchs*. Commencer par souffler profondément en allant s'asseoir sur ses talons et en posant le dos des mains sur le sol. Inspirer par le nez en se relevant lentement puis expirer violemment par la bouche grâce à la contraction puissante des abdominaux, associée à un relâchement des muscles de la cage thoracique. Cette expiration doit être ressentie comme une véritable implosion.

Respirer ensuite normalement 2 ou 3 fois selon son propre rythme et entamer de nouveau une « petite respiration » pour un nouveau *stretch*.

La grande respiration douce

C'est une respiration de retour au calme, que l'on utilise à la fin d'une séance de *Stretching*. Allongé sur le dos, inspirer lentement par le nez en gonflant le ventre, puis en augmentant au maximum le volume de la cage thoracique. Expirer par la bouche, sans temps d'arrêt, en relâchant les côtes et en vidant complètement l'air résiduel par une contraction profonde des muscles abdominaux.

Le temps d'inspiration doit être égal au temps d'expiration. Pendant ce cycle respiratoire, imaginer, lors de l'inspiration, que l'air pénètre le corps par les orteils, remonte tel un fleuve jusqu'au cuir chevelu, et redescend pendant l'expiration jusqu'aux orteils. Ce contrôle respiratoire permet un retour au calme rapide ; terminer la séance par une grande respiration forcée.

Les appuis

Il est très important de bien comprendre le rôle des appuis, véritables socles à partir desquels toute contraction musculaire ou étirement trouve son efficacité. C'est pourquoi il est conseillé d'effectuer les premiers *stretchs* en station debout.

Position de départ : les jambes sont fléchies, les pieds parallèles, les genoux légèrement écartés, le ventre souple, le dos droit, la cambrure lombaire simplement marquée.

Afin d'avoir la notion de mobilité des hanches et du bassin, poser les pouces au niveau de l'articulation des hanches. Cette rotule est mobile aussi bien dans les mouvements d'avant en arrière que latéralement. Le placement est très important car, lorsque débutera le *stretch* il permettra aux cuisses de fixer le bassin tel une paire de tenailles favorisant par exemple l'étirement de la colonne vertébrale dans son ensemble.

Il est recommandé de se mettre pieds nus. La liberté des pieds et des mains permet de mieux ressentir le flux et le reflux de l'énergie qui parcourt votre corps et auquel vous deviendrez sensible très rapidement. Les pieds parallèles, se concentrer quelques instants sur le poids du corps qui repose en trois points : le gros orteil, le cinquième orteil et le talon.

Basculer légèrement le poids du corps en avant ; les orteils écrasent le sol et ainsi les deux appuis antérieurs (gros et cinquième orteils) deviennent alors évidents.

Passer ensuite en équilibre arrière, donc sur les talons, et se concentrer sur les sensations de ce nouvel appui.

Retrouver ensuite, pieds bien à plat, la répartition des trois appuis. Sans modifier la position de base décrite ci-dessus, s'immobiliser les yeux fermés, les bras souples le long du corps et se concentrer sur la présence de chaque orteil, puis de chaque doigt des deux mains.

Cette ultime concentration sur la présence des mains facilitera ultérieurement toute recherche d'appui imaginaire dans l'espace et amplifiera l'effet de nombreux *stretchs*.

L'étirement proprement dit

Commencer par imaginer dans l'espace le trajet de l'étirement choisi, contrôler les appuis à partir desquels va s'effectuer le mouvement, puis entamer très lentement et progressivement le *stretch*.

Quand l'étirement semble maximum, contracter telle une éponge que l'on serre doucement, tous les muscles périphériques concernés par le segment étiré.

Le *stretch* devient alors la combinaison d'un étirement actif et d'une multitude de contractions musculaires en profondeur.

Approche et définition du « Stretching »

Si l'on s'en tient à la traduction littérale du mot anglais, le *Stretching* est un étirement. S'étirer le matin en bâillant, s'étirer comme un chat, s'étirer en sortant de sa voiture ou de son bureau, il y a là de toute évidence une recherche de plaisir, de jouissance. Les Américains ont donné à ce mot un sens plus général, et que ce soit la ménagère, la secrétaire ou l'homme d'affaires, tout le monde exécute le moment venu le *stretch* qui délasse ou défatigue tout naturellement.

Le *stretch* devient donc besoin, nécessité. Les Japonais et les Chinois pratiquent les étirements dans le cadre des arts martiaux depuis des siècles. Pour eux, le *stretch* est énergie vitale, mobilisation du corps en vue du combat.

Pour moi, le *stretch* doit renfermer toutes ces définitions et bien d'autres encore, et devenir une véritable technique dépassant largement le sens précis du mot étirement. Il doit entre autres répondre aux critères que j'ai développés dans les pages précédentes et qui touchent au maintien de l'intégrité physique et psychique.

N'ayant pu trouver un autre terme, je préfère

employer le mot anglo-saxon également imprécis, mais se rapprochant tout de même mieux du sens général de notre propos.

Avant d'utiliser le *Stretching* comme support bénéfique et permanent de la vie, il faut apprendre à développer ses facultés de mise en tension du système neuro-musculaire au même titre que l'enfant découvre l'ouïe, l'odorat et les autres sens.

Cette étude passe par la rigueur de la répétition technique tout comme la barre du danseur ou la gamme du pianiste. La différence est que l'apprentissage peut se réaliser seul. Les sensations naissantes que doivent provoquer les tensions de plus en plus profondes guident le *stretcher* débutant.

En fait, le *stretch* doit mobiliser l'esprit, la volonté et le corps. S'étirer deviendra vite insuffisant, il faudra y associer toute forme de contraction musculaire accentuant l'effet d'étirement. Bien sûr en ce qui concerne la technique d'apprentissage, concentration et volonté priment sur le mouvement. Mais faut-il au fait parler de mouvement dans la mesure où il n'y a pratiquement pas de déplacement dans l'espace mais plutôt une intention délibérée de sentir son corps se contracter, s'étirer au rythme d'une respiration en harmonie avec la contraction ou le relâchement ?

Pour moi il est primordial de sentir son corps plutôt que d'augmenter à tout prix le poids de la masse musculaire. Autrement dit se servir mieux de ce dont la nature nous a nanti, plutôt qu'avoir de gros muscles imbéciles mal adaptés aux besoins réels.

La mode du ventre rentré et de la fesse dure sécurise beaucoup d'entre nous, mais n'est-ce pas une solution un peu simpliste au problème du corps libéré, d'autant plus que cette pratique entraîne souvent des troubles de la statique qui vont à l'encontre du but recherché. Un bon *stretcher* essaiera donc d'optimiser ses facultés grâce à une meilleure connaissance de lui-même. Il ne négligera pas pour autant la force musculaire qu'il canalisera par des contractions souvent statiques, mais particulièrement puissantes.

Que ce soit par sa philosophie, son esprit ou sa technique, le *Stretching* apportera selon les cas tout un arsenal de possibilités qui concourent au bien-être.

Les premiers *stretchs* s'effectueront donc debout, puis progressivement à genoux, assis, allongé ou en utilisant un « bâton de *stretch* ».

Définition

Le *Stretching* est donc un ensemble de mouvements faisant intervenir contraction et étirement musculaires avec l'aide permanente d'une respiration appropriée.

Par le truchement de cette mobilisation tissulaire se crée un véritable courant d'influx qui expulse tensions nerveuses et stress avant de favoriser l'installation bénéfique d'une énergie nouvelle. C'est l'approche du flux et du reflux de la vie replacés à l'échelle rythmique de l'univers.

Je remarque souvent que le cours se termine dans un grand silence non prémédité, mais qui porte en lui le sens d'une paix retrouvée. Et pourtant pendant toute la séance, le corps est à l'épreuve, la température corporelle s'élève, la respiration s'accélère, la volonté se tend.

En résumé, toute recherche d'une définition du *Stretching* risque d'être fort incomplète, car c'est une technique issue de la perception instinctive, et l'on pourrait à l'infini modifier les caractéristiques visant à la singulariser, l'expliquer, la décortiquer, au risque d'oublier peut-être l'essentiel, car la complexité des milliards d'éléments qui font l'homme échappe à l'explicable. Toute tentative de classification et d'imagination n'engage que l'auteur qui s'attache par sa démonstration à exercer le corps à toute forme de sensation, de contraste, d'émotion, d'événement.

L'analyse froide de la leçon de *Stretching* inscrite dans ce livre ne peut donc donner une idée exacte de la technique, et j'en suis personnellement bien conscient.

Place du « Stretching » dans notre vie

Notre technique fait partie des alternatives allant dans le sens d'un mieux-être et implique de la part du pratiquant une volonté philosophique de se redécouvrir petit à petit, comme un convalescent retrouve l'usage de son corps.

Depuis la prime enfance, voire la naissance, des expériences malheureuses, ou interprétées comme telles, brouillent certains éléments d'appréciation de l'intelligence. Plus tard, des troubles tels que le manque de confiance, l'angoisse, la nervosité pour ne citer que les plus visibles, perturbent notre équilibre.

Le *Stretching*, favorisant la perception de sensations profondes (étirement, chaleur, souffle) proches de celles de la naissance, provoque quelquefois un déclic bienfaiteur.

C'est alors que les zones devenues non intelligentes de notre cerveau tendent à s'effacer, permettant l'épanouissement et le bien-être. Ce premier pas est indispensable car il ouvre la porte de l'énorme champ d'application du *Stretching*.

Devenant progressivement en paix avec lui-même, l'homme va découvrir les autres grands secrets du *Stretching* qui s'appellent : l'énergie vitale, la respiration profonde, la souplesse, la tonification musculaire, l'harmonie du corps, les réflexes.

Il saura également utiliser sa technique comme une arme anti-stress dans le piètre concert des fausses notes d'une existence en perpétuel conflit.

Je vois souvent arriver au cours, que ce soit en milieu ou en fin de journée, des élèves marqués par leurs préoccupations professionnelles ou personnelles. Ils ont les traits tirés, le visage contracté, le corps ondulant de mille tics imperceptibles qui trahissent leurs soucis ou leurs appréhensions devant l'énorme fardeau toujours renouvelé des mille tâches à remplir.

Je les observe tous, un par un, pendant les quelques minutes rituelles et silencieuses de préparation au *Stretching*. Ce premier contact est ma manière de les honorer, de les remercier de leur présence et surtout de les obliger à basculer d'un coup dans un abîme sans forme ni cloison, où ils n'ont plus à se reconnaître en tant qu'individus. Ce premier état d'extase les conduit tout doucement à se rappeler qu'ils ont un corps et le ballet du *Stretching* commence, la respiration s'ajuste, les muscles se tendent et se contractent, et je deviens le spectateur privilégié d'une mue collective où les visages se détendent, les corps deviennent tour à tour harmonieux et guerriers.

La plupart d'entre eux se mettent à bâiller comme pour me dire qu'un flot de stress quitte leur corps, et graduellement, je sens la puissance qui s'installe dans leur être, comme une pile électrique vidée de toute substance retrouverait son énergie grâce à un providentiel accumulateur.

Ils sont dès ce moment-là dans un état d'éveil et de perception très au-dessus de la normale, la sueur perle sur leur visage, et finalement ces combattants éphémères s'immobilisent, récupèrent en écoutant leur respiration, dans un bain manifeste de bonheur qui me remplit à chaque fois d'émotion, et secrètement, je les applaudis.

Quelques instants plus tard, je sais qu'ils retrouveront leur travail et peut-être leurs soucis, mais avec une énergie et une volonté décuplées, et en plus un corps parfaitement présent qui les rassure et les transforme.

Réflexions et témoignages

Le moment des vacances est pour certains le temps de la redécouverte du corps et de l'esprit. Les stages que j'anime chaque été sont pour moi une mine de contacts, de discussions, d'échanges, d'enrichissements. J'ai choisi dans mes notes deux témoignages différents dans l'abord personnel du *Stretching*. Je me suis attaché à transcrire le plus fidèlement possible le propos de ces deux élèves. Je m'empresse de dire que de nombreuses réflexions intéressantes m'ont été faites par d'autres stagiaires, hommes ou femmes, dont, faute de place, je n'ai pu rapporter les impressions. Je m'en excuse auprès d'eux.

MARIE-CHRISTINE. Danseuse professionnelle

« Je suis venue dans ce stage en curieuse, pour comparer le *Stretching* à mon acquis technique. Ma première impression a été l'effort d'un étirement assez long, soutenu grâce à la respiration. Technique précise où on analyse le corps, où l'on parle beaucoup de chaque partie de nous-même ; cela était très important pour moi. Je ne connaissais pas cette forme de respiration qui permet de tenir un étirement très longtemps, étirement que l'on ne ressent d'ailleurs pas superficiellement dans les muscles mais beaucoup plus profondément.

« Au niveau articulaire, la sollicitation était beaucoup plus précise comparée à ce que je connaissais déjà. D'emblée j'ai apprécié le rôle des trois appuis au sol, et ils ont fait trembler mes jambes au début, car cela mobilise beaucoup l'articulation de la cheville, et il faut trouver son point d'équilibre. En danse, quand on fait une fente avant, tout le poids du corps se porte sur la jambe avant, le mouvement des bras donnant la direction. Mais on ne s'attarde pas sur cet appui et dans la seconde qui suit, le corps bascule dans une autre position. J'ai donc été surprise dans le *Stretching* par la longue tension de ces fentes, et je constatais que mes appuis au sol n'étaient pas aussi solides que je le pensais. Ainsi je pénétrais dans une technique à part entière et il me fallait de nouveau tout évaluer en réajustant mes sensations. Les respirations m'ont beaucoup séduites. La petite respiration où l'on prend de l'air par le nez, que l'on crache aussitôt par la bouche, est un automatisme difficile au début.

« La grande respiration, beaucoup plus ample, puissante, qui se termine par une expiration très courte, comme un cri, libère l'énergie par les bras et les jambes et m'apportait un apaisement après l'effort. Si je dresse un parallèle entre mes vingt années de travail du corps (danse, yoga, athlétisme) et le *Stretching*, je peux dire, au risque de me répéter, que c'est une technique beaucoup plus précise et plus simple à la fois, qui remet le pratiquant en question. C'est un moment de réflexion qui se fait pendant le mouvement, alors que dans les autres activités sportives nous mesurons l'ampleur de ce qui vient d'être réalisé longtemps après. Cela me plaît beaucoup, car c'est une manière de vivre le temps présent, et non d'être toujours à la remorque d'événements passés ou futurs.

« Dans l'exercice de la danse, on a aussi ce plaisir fugitif, mais seulement au bout de nombreuses années, car les débutants sont plutôt préoccupés par le côté aride de la technique. Par ses nombreuses variantes, le *Stretching* sollicite également les étirements latéraux et la petite musculature de la colonne vertébrale. C'est pourquoi je dis que danse et *Stretching* peuvent être tout à fait complémentaires, à fortiori pour les débutants qui cherchent le placement du corps.

« J'ai été surprise, dans mon groupe, par l'attitude des gens quand tu leur demandais de laisser aller le ventre et même quelquefois de le sortir. Pour eux, semble-t-il, le ventre n'est acceptable que s'il disparaît derrière une barrière musculaire, alors que moi je ressentais l'importance que tu voulais lui donner comme centre vital. D'autant plus qu'à la fin de chaque *stretch,* le souffle n'est pas uniquement dans leur poitrine, mais également dans leur ventre.

« Très originales sont également les oppositions de poussées dans le même mouvement. Je ne les ai pas ressenties comme une crispation, mais comme un étirement faisant intervenir des contractions musculaires qui ne limitaient pas l'effort, mais le projetaient dans l'espace. La recherche de tonicité qui accompagnait le mouvement est évidente, puisqu'à la fin du *stretch,* j'éprouvais un grand besoin de relâchement. Ce moment très agréable doit également aider les gens qui n'ont pas de formation corporelle particulière, car c'est la base de l'apprentissage du relâchement et de l'expiration profonde.

« J'ai découvert également le travail des poignets et des chevilles, bien souvent négligés, mais qui pourtant sont des canaux d'énergie sur lesquels je reviendrai.

« Une autre impression forte me traverse l'esprit. Nous étions allongés sur le sol et tu nous demandais de tirer les bras en arrière et de pousser les talons vers le bas. D'un seul coup, j'ai senti que tout mon corps s'alignait naturellement, comme transpercé par une flèche. Je n'ai pu m'empêcher de penser à tous mes élèves qui, au sol, sont posés comme des guirlandes, dans tous les sens, avec bien souvent une énorme difficulté à maîtriser l'image de leur position dans l'espace. Ces mauvaises attitudes se retrouvent clairement dans la vie courante sous deux tendances : ceux qui sont enroulés vers l'avant de tout leur dos et ceux qui sont déversés vers l'arrière, les côtes ouvertes, comme moi par exemple. Dans la pratique de la danse, malgré la fameuse injonction " rentrez vos côtes ", celles-ci ont tout de même tendance à s'élargir vers l'avant et le résultat de ces positions forcées donne des tensions terribles dans la nuque, alors que je dois dire que le *Stretching* libère étonnamment ces zones.

« Ce qui m'a frappé aussi, c'est le calme des professeurs qui font exécuter le *Stretching,* alors que dans beaucoup de sports, il y a souvent une part d'agression délibérée vis-à-vis de l'élève. Cela revient à dire que le novice qui pratique le *Stretching* n'est pas considéré inapte d'emblée, mais comme un être ayant toutes ses capacités. Il devient son propre maître d'œuvre, le champion, à l'opposé des autres sports où s'opère une sélection par rapport à une certaine esthétique du corps.

« Malgré l'éclat du sport de haut niveau et des performances qu'il engendre, il est par ailleurs très important que les enseignants ne considèrent pas les adultes comme des handicapés en dégénérescence précoce, mais pensent plutôt que n'importe qui peut retrouver force et souplesse dans son corps et dans sa tête. C'est un bon état d'esprit et les plus fragiles ou les moins nantis découvriront que le sport n'est pas inaccessible grâce au tremplin du *Stretching,* même s'il faut toute une vie pour bâtir son corps avec les éléments dont on dispose. La découverte en soi, c'est le matériau de construction. Il n'y a pas de magie, mais le souci de canaliser les forces qui habitent en nous. Je ne pense pas que l'on soit une boule d'énergie qui se réduit au fur et à mesure de l'âge, mais un lieu de passage plus ou moins privilégié, et il suffit alors d'ouvrir le réceptacle.

« Dans le *Stretching,* on puise par la respiration une forme d'énergie que l'on propulse par le mouvement. Il faut avoir des appuis bien solides pour qu'elle trouve le passage, et là nous rejoignons les grands symbolismes de la vie, car si l'on est inconsistant, sans le désir de trouver ses axes, sa vie, il est impossible d'être traversé par ce flot d'énergie qui permet les choix. Se tromper de route n'est pas forcément important, et les lignes que l'on va suivre sont celles qu'emprunte l'énergie.

« Grâce au *Stretching,* on doit pouvoir aussi lutter contre les forces dévastatrices, négatives, afin de s'extraire d'une situation incompatible avec nos " axes ". Par exemple, entouré de gens agressifs, malveillants ou opprimants, la réponse pourrait être un *stretch* et une respiration qui rééquilibrent et permettent de mieux contrôler la situation.

« Il existe en fait deux façons de décrire l'énergie : celle que l'on fabrique par son activité corporelle, et celle que l'on accumule par son activité mentale. Cette dernière, qui est vraiment extérieure à nous, représente le lieu de passage réel, et seule la disponibilité nous la fait vivre intensément. Dans ce domaine, l'âge ne compte pas du tout, et il existe des vieillards d'une vitalité inouïe qui forcent le respect et l'admiration, car ils portent la puissance en eux.

« Quand hier nous grimpions dans la montagne, je contrôlais respiration et rythme comme dans le *Stretching*. En descendant, je me laissais aller, et de temps en temps j'opposais une certaine résistance à la pente : c'est alors que j'avais l'impression de canaliser à nouveau mon débit d'énergie. Je conserverai longtemps cette première impression de puissance dans l'apprentissage du *Stretching*, sans oublier que la pratique dans ces espaces sans limites devait m'aider beaucoup. Le ciel et la terre se rejoignaient par la montagne que l'on dominait de notre nid d'aigle, et là était vraiment le sens profond de l'énergie que l'on puisait par l'intermédiaire du *Stretching*. »

JOSÉE. Médecin

« Je suis venue à ce stage poussée par la curiosité, car auparavant j'ai fait de la bioénergie pour avoir une meilleure image de mon corps, et j'étais un peu au bout du chemin de cette technique.

« Le *Stretching* me donne l'impression d'aller plus loin, je retrouve des racines et surtout l'autonomie sous tous ses aspects. Être debout sur ses pieds, à la fois seule et forte dans la vie. C'est fantastique quand on est debout sur ses pieds, le corps bien placé, avec l'impression d'une puissance indéracinable qui permet de supporter tous les chocs. Puis, prendre conscience des contractures installées depuis des temps et qui gênent nos mouvements, notre esprit.

« Ce que j'assimile le mieux, c'est le développement de mon dos, et je crois qu'il est important que j'aille encore plus loin dans ce domaine. Je ressens un travail musculaire qui se fait en profondeur, mais heureusement sans effort particulier, car je suis généralement très paresseuse pour faire de la gymnastique. L'étirement se fait en sensation, en douceur, je suis dans mon articulation, c'est un travail kinesthésique intelligent par lui-même, car il fait intervenir constamment la tête.

« Il y a un moment pendant le *Stretching* où s'offrent deux alternatives : je lâche et tout s'arrête, ou je vais encore plus loin pendant quelques secondes et là je sors vainqueur d'un furtif combat avec moi-même. Ma tendance naturelle étant de me laisser aller, je suis surprise d'avoir cette ténacité, de retrouver cette ardeur dans des conditions qui sont finalement agréables pour moi. Quel plaisir dans son corps de sentir naître la vitalité !

« Pendant la séance, il y a des moments où j'ai très chaud, d'autres où je bâille, mais jamais je ne suis fatiguée en fin de séance. Après chaque *stretch*, j'aime beaucoup me replier comme un fœtus, et j'attends qu'une envie profonde de respirer m'envahisse ; au fil des *stretchs*, j'ai l'impression de grandir, et c'est peut-être l'image symbolique d'atteindre un idéal, car pour moi tout est lié, le physique, le psychique et je dirai même le spirituel. Quand la séance s'arrête, les impressions se bousculent et je me rappelle qu'un jour tu nous as suggéré une image qui m'a beaucoup marquée : c'était la comparaison de l'amplitude respiratoire avec une vague puissante qui va et vient comme le flux et le reflux de la mer sur une plage. Ce flux qui rentrait par mes pieds et ressortait par mes cheveux, je le sentais telle une sensation cosmique car j'entrevoyais cette énergie diffuse comme le prana oriental qui nous envahit.

« Je sais qu'il est bien difficile de parler d'énergie, mais pour moi c'est la révélation d'une formidable flamme intense. Ayant franchi ce seuil, nous avons du plaisir à vivre, nous sentons une vitalité, un dynamisme sans limite. Je me rappelle qu'un jour, en descendant de la montagne où nous faisions la séance de *Stretching* du matin, d'un seul coup je me suis mise à courir sans arrêt, tout étonnée que mes jambes sous moi s'actionnent avec la force et la régularité des bielles d'une locomotive, même dans les légères montées. Je ne comprenais pas bien ce qui m'arrivait, mais j'en profitais au maximum, et à ce moment précis j'ai senti que je touchais l'énergie. C'était une jubilation, une harmonie, je me sentais en symbiose.

« Par ailleurs, je sais qu'il faut garder les pieds sur terre, et c'est pourquoi le symbolisme de l'ancrage des pieds au sol me plaît dans cette technique, car il souligne aussi le côté matériel de l'existence. Pour mieux nous remplir de sensations, il faut commencer par nous vider de nos craintes, de nos tabous, au seul risque de recevoir encore plus au terme du cheminement. »

Aspects prophylactiques et thérapeutiques

L'échauffement et la pratique sportive

La plupart des sportifs connaissent les bienfaits de l'échauffement mais ne le pratiquent pas. Quel est le joueur de tennis ou le skieur qui perdrait ne serait-ce que 5 minutes pour préparer son corps avant le jeu ou la glisse ?

L'échauffement augmente la température du corps de 1 à 2 degrés, favorise la sudation, accélère la respiration. Le *Stretching* réunit ces conditions et surtout permet une meilleure facilitation neuro-musculaire. D'autre part l'étirement stimule les fonctions organiques et permet aux différents systèmes de contrôle d'augmenter rapidement leur capacité de travail. C'est ainsi que, grâce à ces phénomènes réflexes, la circulation profonde s'accélère, la viscosité existant entre les plans musculaires diminue et le mouvement se libère.

Le *Stretching* est également indispensable à la petite musculature située près des articulations et qui sert de point d'appui ou de levier au mouvement le plus élémentaire soit-il. En effet, le flux sanguin nécessaire à l'échauffement de ces muscles ne peut être réalisé que par voie réflexe, c'est-à-dire grâce à l'étirement préalable de leurs points d'insertion. Toute technique d'échauffement devrait donc débuter par 5 minutes de *Stretching,* avant d'entamer les mouvements dynamiques nécessaires à la pratique du sport.

Le *Stretching* débutera par :

— deux mouvements impliquant la colonne vertébrale (nos5 et 10),

— un mouvement complexe des épaules (nos 16-17) :

— rotation dans un sens à plusieurs niveaux, en fixant son attention sur les pouces qui doivent entraîner dans leur mouvement l'ensemble du bras,

— rotation dans l'autre sens ;

— deux mouvements pour les jambes (nos 39 et 27) :

— attraper ses orteils et tendre progressivement les jambes et le dos,

— saisir le pied et tendre la cuisse en poussant le bassin vers l'avant.

Le sommeil

Il faut mériter son sommeil. Dormir ne doit pas devenir une préoccupation au moment où l'on ferme les yeux. Le sommeil est l'accumulation de molécules appelées peptides que l'on sécrète dès le réveil jusqu'au coucher. Toute activité musculaire saine semble augmenter le nombre de ces molécules qui inondent le cerveau, de même que toute activité intellectuelle non contrebalancée par un effort musculaire ou une hyperventilation semble modérer cette sécrétion.

Le *Stretching* peut donc être utilisé avec succès dans l'espoir d'augmenter nos chances de récupération nocturne. Le sommeil fait partie des rythmes circadiens et il convient donc pour chacun d'entre nous de situer vers quelle heure il est bon de se mettre au lit. Puis, en remontant le cours d'une journée classique, noter les moments de fringale, de coup de pompe, d'endormissement. C'est à ces moments critiques qu'il faudra effectuer deux ou trois *stretchs* que l'on sent particulièrement bien.

Après cette approche des rythmes pour recaler votre sommeil, vous êtes face à l'alternative suivante :

— votre sommeil est très tardif,

— le sommeil s'installe rapidement, mais vous vous réveillez en plein millieu de la nuit.

Le premier cas est typique d'un dérèglement de vos rythmes. En plus des exercices ponctuant votre journée, réfléchissez si vous n'abusez pas d'une alimentation trop riche, d'alcool ou de tabac. Avant de vous coucher, entamez plusieurs grandes respirations douces en fixant uniquement l'attention sur votre corps.

À l'inspiration, imaginez que l'air pénètre par vos bras et par vos jambes, tels quatre ruisseaux qui se réuniraient au niveau du tronc pour s'évacuer par la tête au niveau du cuir chevelu.

À l'expiration, conservez cette image à l'envers, l'air s'évacuant alors par les bras et les jambes.

Puis pratiquer les deux *stretchs* suivants :

— assis sur les talons, s'étirer bras en l'air (n° 31),

— allongé sur le dos, étirement bras en arrière, jambes en avant (n° 48).

Entamer ensuite une nouvelle série de grandes respirations douces en fixant l'attention sur la chaleur du corps. Jusqu'au sommeil garder l'image de cette chaleur interne.

Le deuxième cas dénote un dérèglement de votre système nerveux : dépression, grande préoccupation, chagrin... C'est un signal d'alarme dont vous devez vous préoccuper. Tout en cherchant une réponse à vos problèmes par la réflexion ou toute autre thérapie nécessaire, faites une séance complète de *Stretching* de 30 minutes en rentrant de votre travail. Douchez-vous, absorbez un repas léger en attendant l'heure idéale pour dormir.

Il existe une troisième catégorie d'insomniaques qui se réveillent fatigués le matin, assurant de toute bonne foi qu'ils n'ont pas fermé l'œil de la nuit, alors qu'ils seraient tout surpris si l'on comptabilisait réellement leur temps de sommeil. À ceux-là je suggère d'entamer leur journée par une séance de *Stretching* complète mais relativement courte (10 à 15 minutes), en effectuant un à deux mouvements de chaque position. Ce réveil-matin par étirement dissipe les angoisses de la nuit, donne confiance en son corps et ouvre le réceptacle de l'énergie nécessaire pour toute cette journée. Prendre le petit déjeuner après la séance et non avant.

Rappelez-vous que certains dorment beaucoup, d'autres peu. Respectez simplement votre sommeil et ne vous culpabilisez pas d'une mauvaise nuit car aucune loi scientifique n'a encore formellement prouvé la dépendance de notre énergie à la qualité du sommeil, sauf lorsqu'il s'agit d'activité musculaire importante.

La souplesse

Avant tout il me semble très important de déterminer les différents sens du mot souplesse, car celle-ci est un état qui touche le corps et engage l'esprit. Être agile, décontracté, s'adapter facilement, être en harmonie, avoir une bonne coordination sont autant de souplesses qui se complètent.

Dans le sport plus particulièrement, la souplesse est un ensemble de qualités touchant le tissu musculaire, les ligaments et la capsule articulaire (sorte de manchon qui protège l'articulation en lui permettant de baigner dans son liquide synovial). Ajoutons que chez les sportifs, ces qualités de souplesse ne doivent pas altérer force et puissance.

En marge de la souplesse se trouve la laxité, qui n'est pas une qualité car elle est l'expression d'un relâchement d'une part des fibres musculaires et d'autre part de la capsule et des ligaments.

Examinons maintenant la souplesse secteur par secteur.

Il est un fait acquis que l'on peut mobiliser une articulation dans ses limites extrêmes pour acquérir de nouveaux degrés d'amplitude. De même en tirant sur un muscle, il est possible d'augmenter le nombre de certains éléments qui permettent l'allongement de la fibre musculaire. Ce qui complique considérablement le problème, c'est qu'il n'est pas possible de rechercher une souplesse élective sans passer par toute une organisation complexe du système nerveux central.

Pour réaliser n'importe quel geste, la souplesse est donc conditionnée par des facteurs ostéo-ligamentaires et influencée par un système médullaire et supra-médullaire qui conditionne la réalisation et la coordination gestuelles. C'est pourquoi dans ma méthode de *Stretching* je préfère à un étirement isolé toute une structure de contractions musculaires en chaîne qui vont permettre de mieux localiser l'étirement. Celui-ci devient finalement l'expression d'une tonicité harmonieuse en rapport avec la situation donnée. Ne jamais abandonner son corps dans un geste mécanique qui ne nous appartienne pas et dans lequel nous ne sommes pas.

Une des formes les plus mal comprises de la souplesse est celle de la colonne vertébrale. La plupart de ceux qui essaient d'assouplir leur dos le font toujours, sans s'en rendre compte, à des niveaux identiques appelés « zones charnières », et leurs efforts ne font qu'augmenter leur faiblesse. La souplesse travaillée mécaniquement désorganise l'harmonie tonique et déclenche, surtout au niveau de la colonne vertébrale, des raideurs réflexes.

Quand vous réalisez un *stretch* en vue de vous assouplir, sachez que votre petite respiration est primordiale. À chaque petite expiration buccale, vous réduisez la résistance passive de votre musculature et gagnez par conséquent un temps de souplesse supplémentaire. Il ne faut pas pour autant que l'étirement soit saccadé, il doit rester à l'image d'un élastique que l'on tend uniformément. Seul le temps d'expiration accélère la vitesse d'étirement.

Pour une séance de souplesse générale, utilisez par exemple les mouvements n°s 15, 10, 16, 19, 27, 35 et 39.

Nervosité — Angoisse — Trac

Trois fléaux que tout le monde connaît et supporte avec plus ou moins de facilité, persuadé que de toute façon, il n'y a pas grand-chose à faire. L'alcool, le tabac, les ongles rongés, les maladies psychosomatiques sont pour les uns l'excuse, pour les autres la conséquence de leurs troubles nerveux. Nous pourrions d'ailleurs ajouter la peur à ce tableau, mais celle-ci est beaucoup plus ancienne, et l'homme préhistorique la connaissait déjà. Cette peur qui colle à l'homme depuis toujours est liée à une situation prévue, concrète. Il est possible de s'y soustraire par des moyens physiques tels que la lutte ou la dérobade. C'est peut-être grâce à cela que nous sommes capables d'en résoudre les principaux effets.

Il n'en est pas de même pour le reste, car ces fléaux nécessitent une recherche très profonde du « moi », une sorte de mariage où réconciliation et image de soi se superposent.

En ce domaine, le *Stretching* peut être un atout extraordinaire. Rentrons un peu plus dans le détail.

La nervosité

Il y a deux grandes familles de nerveux. La première rassemble tous ceux qui, dès leur naissance, présentent des troubles de leur système nerveux, pour des raisons d'ailleurs extrêmement diverses, et qui supportent leur fardeau jusqu'à la mort. La deuxième regroupe les nerveux « occasionnels », pour lesquels fatigue, surmenage, stress, inadaptation sont les refrains coutumiers. Ces deux groupes verraient s'amenuiser leurs troubles s'ils prenaient d'emblée la décision d'inscrire à leur programme journalier quelques exercices de la maîtrise du corps. Longue concentration sur un ou deux mouvements de *Stretching* pratiqués debout, par exemple nos 8 et 23, dans le silence, aux trois périodes de la journée où ils se sentent le plus vulnérables. Il faut véritablement, pendant cet exercice d'une dizaine de minutes, écouter la musique de sa propre respiration et terminer la courte séance par une grande respiration sonore qui consiste à inspirer lentement par le nez en position debout et à souffler en « bourdonnant », telles les abeilles, tandis que le corps s'infléchit et se redresse comme un roseau poussé par le vent. Bref, écouter le son grave de sa voix venant du tréfonds du ventre, comme une corne de brume lointaine.

Ce jeu d'enfant n'est pas si banal, quand on se souvient que toute situation d'adulte n'est qu'un remodelage du passé d'enfant.

De toute façon, quel que soit le type de nerveux que vous soyez, la notion du rythme d'exécution des *stretchs* est très importante, car il oblige le corps à se remettre au diapason de l'énorme horloge cosmique et c'est alors que diminuent les tensions néfastes qui montent en nous.

L'angoisse

Peur de l'inconnu, refus de se situer par rapport au monde, capitulation devant les responsabilités, incapacité de régler des problèmes enfouis depuis l'enfance et bien d'autres images encore pourraient constituer le puzzle de l'angoisse. Il n'en reste pas moins qu'elle constitue un « blocage » d'énergie qui gêne l'organisme dans la réalisation de toutes ses tâches. Plus la sensibilité d'un individu est élevée, plus le phénomène d'angoisse risque d'être intense. Il est encore plus difficile à maîtriser dans la mesure où son apparition remonte au seuil de la naissance, et nous allons brièvement essayer de comprendre pourquoi.

Le fœtus est protégé par un milieu naturel, il se trouve dans un état d'extase « océanique ». Pendant les contractions, il est projeté contre le col de l'utérus fermé et voilà comment apparaît vraisemblablement la première angoisse, qui sera suivie de combien d'autres !

Le *Stretching* permet de retrouver peu à peu l'image de ces angoisses du passé, et peut-être un jour celle de la naissance, appelée « explosion volcanique ».

Dès que vous sentez l'angoisse monter en vous, il faut immédiatement effectuer quelques *stretchs*, en insistant plus particulièrement sur les contractions musculaires profondes qui accompagnent l'étirement, de sorte qu'au moment du relâchement s'installe cette onde libératrice et protectrice. Voir n°s 26 et 28.

À la fin de vos *stretchs*, la grande respiration vous aidera considérablement dans ce projet.

Le trac

Il pose le plus essentiel des problèmes, à savoir celui de la relation avec le monde des autres. Il fait partie de la vie, qu'on le veuille ou non, comme une alternative toujours posée : celle de l'affirmation ou de la négation de l'existence. Face à une situation relationnelle, nous avons tous une image de nous que l'on désirerait projeter : le professeur devant l'élève, le directeur devant l'employé, l'employé devant le contremaître.

Une éventuelle faute de parcours qui ne nous rendrait plus conforme à l'image attendue de nous, et voilà le trac qui s'installe. Lui aussi disperse une part de notre capital-énergie, et alimente le conflit toujours prêt à éclater de la non-acceptation de soi-même. La pression du trac peut devenir énorme, car au moment d'exécuter une tâche qui nous engage (l'étudiant devant sa feuille d'examen), il n'y a pas d'échappatoire, pas d'autre possibilité que d'aller en avant. Comme le dit fort justement Francis Perrin, avant d'entrer en scène, « le trac fait partie du rite, comme le rite fait partie du trac ». Il est donc indispensable que le traqueur choisisse un *stretch* unique, qu'il répétera plusieurs fois jusqu'au moment où toutes les sensations désagréables se réduiront en un état d'éveil attentif, propre à l'action.

Apprivoiser le trac, c'est découvrir la maîtrise de soi, se laisser aller, c'est accepter la situation de l'être dominé. Voir nᵒˢ 6, 8 et 14.

La tonification musculaire

Dans la technique du *Stretching*, où la notion d'étirement est liée à la contraction du muscle, il y a de toute évidence un énorme champ d'application dans la recherche de la tonicité musculaire. Un muscle au repos peut en quelques secondes passer par trois phases différentes : l'excitation, la contraction, le relâchement.

L'excitation est une véritable décharge électrique qui parcourt le nerf moteur jusqu'au muscle. Le potentiel d'énergie propagée dépolarise la très mince membrane cellulaire de la fibre musculaire primaire. C'est ainsi que l'onde d'excitation se propage au cœur même du muscle tandis que presque simultanément certains ions de calcium vont se mobiliser pour réaliser une sorte de trait d'union entre l'excitation et la contraction. Dans l'espèce humaine, la différenciation des types de fibres responsables du travail musculaire semble se manifester vers la vingtième semaine de la vie fœtale pour se terminer bien après la naissance.

Il faudrait donc dès le plus jeune âge pratiquer le *Stretching* ou toute autre forme de travail musculaire sans charge, si l'on veut prétendre ultérieurement à une meilleure utilisation du système musculaire.

Lorsqu'une personne exécute pour la première fois des mouvements de *Stretching*, elle le fait maladroitement, et un entraînement régulier lui permettra une exécution plus souple, plus aisée. Chez l'adulte ou l'enfant, il y a une plasticité structurale qui se traduit par la possibilité de développer certains récepteurs appelés synapses et d'en laisser régresser d'autres. L'apprentissage stimule un lot de réactions chimiques, par exemple la synthèse protéique, au niveau des synapses mis en jeu, ce qui aboutit à leur hypertrophie. La répétition d'un *stretch* est ainsi codée et les enregistrements mis en mémoire peuvent être stockés et réutilisés avec une grande précision. Plusieurs répétitions d'un même *stretch* favorisent donc une forme particulière de tonicité musculaire que nous allons essayer de cerner de plus près.

Le muscle squelettique est formé de deux principales fibres, renfermant des propriétés contractiles distinctes. Elles sont appelées fibres à contraction rapide et fibres à contraction lente. Les fibres lentes sont les mieux appropriées à l'exercice du *Stretching* et résistent mieux à la fatigue. Si la distribution des fibres rapides et lentes est relativement homogène à l'intérieur du muscle, par contre la proportion peut varier d'une manière importante d'un individu à l'autre. Pendant un exercice de *Stretching* de faible intensité, les unités motrices à contraction lente sont les premières recrutées. Lorsque la tension croît, les unités motrices déjà en service augmentent leur possibilité de contraction tandis que de nouvelles unités motrices sont recrutées. Par contre, les unités motrices à contraction rapide entrent en activité l'une après l'autre, avec une fréquence de contraction très élevée dès le départ. En faisant intervenir tous les groupes musculaires dans le *Stretching*, nous sommes assurés d'obtenir une bonne tonicité, support essentiel à la vie de tous les jours.

Les sportifs pourront ajouter deux raisons supplémentaires d'utilisation. En effet, pour que le muscle puisse développer sa tension maximale, il faut qu'il soit préalablement étiré. De plus, lorsqu'un muscle est étiré, il y a une véritable mobilisation de ses éléments élastiques et c'est ainsi qu'une partie de l'énergie mécanique qui lui est apportée peut être stockée. Une bonne tonification musculaire doit débuter par des mouvements de *Stretching* en position debout. Choisir trois ou quatre *stretchs*, et les répéter une vingtaine de fois très lentement, tous les jours, pendant une semaine. Changer ensuite de mouvements et passer petit à petit de la position debout à la position à genoux puis assise.

La concentration

Que ce soit dans l'exercice physique ou mental, la concentration est avant tout une recherche d'énergie à des fins d'utilisation immédiate, où corps et conscience se rejoignent, rappelant une fois de plus l'indivisibilité de l'homme. Par conséquent, les facultés de concentration sont directement liées au schéma corporel dont dépend en retour l'équilibre mental. De l'enfant à l'adulte, il existe beaucoup d'individus incapables de se concentrer pour n'avoir jamais résolu cet équilibre du corps et de l'esprit. À tous ceux-là il faudrait expliquer combien la perception du corps peut être une forme de silence qui rassure, et permet l'exploitation judicieuse des qualités humaines.

Un des autres éléments de la concentration est le

rituel. Qui n'est pas trahi à un moment important (rendez-vous d'affaires, rencontre sportive...) par le petit tic à mi-chemin entre l'habitude et le féti-chisme.

Pour le *stretcher*, ce rite indispensable est non seulement agréable mais également efficace. Par l'éti-rement, il réajustera son schéma corporel, par la respiration il réoxygénera ses cellules cérébrales, par la contraction musculaire profonde et le relâchement il libérera les énergies bloquées qui l'empêchent de se libérer totalement. Toute l'ingéniosité consistera à découvrir parmi les *stretchs* proposés celui qu'il sent le mieux adapté à la situation.

En règle générale, ceux qui travaillent assis devront utiliser un *stretch* debout, et s'appliquer tout particuliè-rement à rechercher les appuis au sol, tandis que ceux qui travaillent debout rechercheront un *stretch* assis ou allongé mettant en valeur l'étirement associé de la colonne vertébrale et des membres inférieurs.

Voir les nos 42, 6, 37 et 43.

Surmenage et stress

Les causes du surmenage sont bien connues de nous tous, et pourtant cette maladie compte parmi les plus meurtrières dans tous les pays développés. Les pre-miers signes en sont tellement banals et insidieux que n'importe qui peut se retrouver un jour cloué au lit pour en avoir sous-estimé les effets. C'est le système nerveux qui fera le premier les frais de l'insouciance et du mépris avec lesquels nous maltraitons notre corps.

Puis viendra l'usure prématurée des principaux organes, et la course effrénée à la recherche de toutes sortes de thérapeutiques dites psychosomatiques. Si la probité était la qualité fondamentale des thérapeutes, ceux-ci commenceraient par refuser toute forme de traitement au malade qui ne s'engagerait pas, dès les premiers symptômes confirmés, à modifier le rythme abusif de sa vie et à tenter de retrouver l'image de son corps.

Aimer son corps c'est être à l'écoute de ses pulsions et de ses faiblesses, afin d'être prêt à corriger immédiatement les erreurs de parcours. Un des meilleurs moyens de surmonter surmenage et stress consiste à jouer avec son corps, sa respiration, afin de retrouver les sensations qui s'apparentent au bonheur et au bien-être. Dans ce domaine, le *stretcher* est loin d'être dépourvu. Il pratiquera pendant une semaine complète matin et soir 30 minutes de *Stretching*, en commençant par l'exercice respiratoire suivant :

Allongé sur le dos, pratiquer la grande respiration douce, en prenant bien soin de dissocier au départ la mécanique respiratoire de la façon suivante :

— *1er temps* : Respiration abdominale.

Respirer uniquement par le ventre en gonflant l'abdomen pendant le temps d'inspiration nasale et en le dégonflant pendant le temps d'expiration buccale. En fin d'expiration rentrer le ventre au maximum et vider complètement l'air résiduel (une quinzaine de fois). Pour plus de commodité au départ, mettre une main sur la poitrine, qui ne doit pas se soulever pendant cette respiration.

— *2e temps* : Respiration diaphragmatique.

Placer les mains sur les côtes flottantes et à l'inspiration élargir la cage thoracique en repoussant les mains. À l'expiration, les côtes se rapprochent le plus possible, aidées d'une légère pression exercée par la paume des mains. Répéter 15 fois.

— *3e temps* : Respiration costale supérieure.

Placer les mains bien à plat sur la poitrine, très près des clavicules. À l'inspiration, repousser les mains vers le haut, sans faire intervenir, autant que possible, la respiration abdominale et diaphragmatique. À l'expiration laisser redescendre les côtes. Répéter 15 fois.

Ce jeu respiratoire est extrêmement apaisant et doit se poursuivre par les *stretchs* nos 3, 5, 7, 19, 36, 39, 44 et 45.

Le mal au dos

Les douleurs vertébrales ont déjà fait couler beaucoup d'encre, et qui ne connaît pas de réputation tel ou tel praticien magique qui, en un tour de main, fait disparaître les maudites algies qui nous harcèlent de jour comme de nuit. Et pourtant, si l'on reste sérieux et lucide, il est facile d'observer qu'autour de nous des milliers de personnes souffrent de leur dos sans trouver un remède approprié. Cette constatation appelle plusieurs réflexions, et il faut tout de suite préciser que la plupart des gens possédant une colonne douloureuse sont entièrement responsables de leurs ennuis. Parmi les principales causes retenues, il faudrait citer : la négligence, le manque d'information, un mauvais schéma corporel, une hygiène de vie insuffisante.

Pour d'autres, les facteurs psychologiques prédominent, et bien qu'ils ne présentent pas de troubles statiques importants, les phénomènes douloureux sont quasiment identiques à ceux de la catégorie précédente.

Statistiquement, 80 % des dos douloureux correspondent à l'une ou l'autre de ces catégories. Il est bien évident que pour tous ceux-là, la guérison ne peut être complète qu'à condition de s'attaquer aux causes réelles de leur fragilité. Il apparaît donc essentiel d'insister sur la prophylaxie, et en ce domaine, le *Stretching* sera un facteur équilibrant et protecteur de premier choix.

Beaucoup d'élèves entament l'étude de cette méthode avec des douleurs vertébrales qui disparaissent au fil des jours. L'entraînement progressif, la répétition, la régularité seront des atouts essentiels. Le *Stretching* présente plusieurs avantages pour le traitement de la colonne vertébrale :

— La recherche active d'un axe corrigeant les petites déformations vertébrales.

— La conservation ou l'amélioration des trois courbures (cervicale, dorsale, lombaire) indispensables à la station debout et à la fonction d'amortisseur.

— La tonification des petits muscles situés de part et d'autre des éléments vertébraux. Ces petits muscles constituent la première barrière à toute dégradation ultérieure du dos. Leur rôle est bien souvent méconnu, et le seul renforcement des grands muscles dynamiques entraîne souvent une hypertonie maladroite qui se traduit par un dos raide et fragile.

— La souplesse, qui ne doit jamais se réaliser en « temps de ressort », mais uniquement par l'intermédiaire d'étirements progressifs et contrôlés.

D'une manière générale, le traitement d'une douleur cervicale doit toujours se faire en associant la partie haute du dos, omoplates comprises, de même qu'une région lombaire douloureuse se traite en associant le segment vertébral dorsal jusqu'au milieu du dos. Dans tous les cas la séance de *Stretching* se terminera par quelques mouvements faisant intervenir l'ensemble du dos.

Région cervicale douloureuse : nos 40, 41 et 42.

Région dorsale douloureuse : nos 7, 11 et 12.

Région lombaire douloureuse : nos 6, 39 et 45.

Étude des mouvements de base du « Stretching »

Avant de réaliser concrètement les mouvements du *Stretching*, il est important de revenir sur la manière dont il faudra aborder cette technique, afin qu'elle vous donne entière satisfaction. Le projet global est simple, il pourrait se résumer ainsi : reconquérir son propre espace.

En fait, pas de résultat immédiat à espérer si l'on ne réalise pas une véritable radioscopie de soi-même pendant la durée des exercices. Cela nécessite donc une mobilisation générale de l'individu, au service de sa volonté, pour suivre à travers lui le trajet de l'étirement, et lui donner ainsi toute son ampleur.

Cet aspect psychologique de la méthode décuplera les effets mécaniques du *Stretching* et, à tout moment, vous devrez essayer d'imaginer à votre manière les transformations qui s'opèrent en vous. Voici quelques phrases clefs qui illustreront rapidement les effets ressentis :

— J'enfonce mes pieds dans le sol et paradoxalement mon corps devient léger, aérien, à la fin du mouvement.

— Je m'étire doucement et patiemment, car la durée de l'effort est bénéfique pour moi.

— Je m'étire pour mieux apprendre à mettre au repos mes muscles, par opposition à la contraction musculaire qui les fatigue.

— Je mobilise maintenant ma pensée sur tous les petits muscles qui se contractent, donc se tonifient, tout en aidant l'effet d'étirement programmé sur les autres groupes musculaires.

— J'ai l'impression, pendant l'effort, de contrôler et de répartir les tensions musculaires qui s'exercent sur tout mon squelette.

— En m'étirant, je bois de l'énergie, elle s'accumule au fond de moi-même.

— Plus je m'étire, plus j'affine, j'allonge, je tonifie mes muscles.

— J'écoute mon cœur battre au rythme de ma respiration, le *stretch* se prolonge, je suis calme, très lucide.

— L'étirement me rassure, les stress quittent peu à peu mon corps, par soubresauts.

— Ce *stretch* est difficile pour moi, donc bénéfique pour mon corps.

Ainsi la pensée devra impérativement suivre et soutenir l'action, faisant de vous le reporter privilégié des sensations nouvelles qui habiteront votre corps.

Position de base

1. *Mouvement de placement et de concentration précédant une séance.*
Les pieds nus, les orteils bien étalés au sol, les genoux fléchis, les bras le long du corps, mains largement ouvertes, les épaules basses, le ventre souple, le tronc bien droit.
Cette position permet de se concentrer en réalisant plusieurs respirations douces.

La durée de cet échauffement mental dépend de la capacité de chacun à retrouver le calme, l'oubli, ainsi que la sérénité nécessaires. Après chaque stretch, *se concentrer un instant sur la position de base en pratiquant une ou deux petites respirations.*

2. Ce premier mouvement n'est pas un étirement pur, mais une prise de conscience de la contraction musculaire. Il provoque en quelques secondes une augmentation du pouls consécutive à une mise en action immédiate du système neuro-végétatif, associée à la contraction en profondeur des petits muscles de la colonne vertébrale. Le ventre reste souple, tout l'effort se porte au niveau du dos.

Appuyer les mains sur la tête et la tête sur les mains. Ce double appui permet la mise en tension des muscles de la nuque. Contrôler ensuite la contraction musculaire que l'on doit suivre de la colonne cervicale jusqu'à la colonne lombaire.

D'une manière générale, maintenir le stretch 7 à 8 secondes au début et augmenter très progressivement le temps de posture.

3. *Les mains croisées derrière la tête, les coudes bien écartés.*
La tête résiste à la poussée des mains et le dos se grandit par
l'alignement successif des segments vertébraux.
La contraction des petits muscles de la colonne peut se déplacer
vers la région dorso-lombaire si l'on rentre progressivement le
ventre.

4. *La technique est identique à celle du mouvement précédent, mais l'appui frontal favorise une mise en tension particulière de la musculature pectorale.*

5. *Les épaules sont libres, la tête est droite et dégagée, les bras se plaçant à hauteur des oreilles ; le ventre souple, la courbure lombaire légèrement marquée. Le* stretch *s'exerce vers le haut, par l'intermédiaire de la traction des bras et des épaules, et vers le bas grâce à un appui de plus en plus marqué des pieds sur le sol. La cambrure lombaire s'accentue légèrement pendant le mouvement. Vérifier de temps en temps les trois appuis au sol, et porter fréquemment le regard en direction des mains, afin d'aider leur progression vers le haut.*

6. *Dans tous les mouvements en position debout, le socle est représenté par le bassin, véritablement cadenassé par les cuisses.*
Les pouces placés dans le creux de l'aine, les coudes écartés, pousser progressivement sur les bras en s'appuyant fortement sur les cuisses. Le dos reste rectiligne, les genoux étant légèrement dirigés vers l'extérieur. En fin de stretch, les bras doivent être aux trois quarts tendus, le ventre restant légèrement ballonné.
Stretch *de la région lombaire.*

7. *La position de départ est classique.*
Les bras s'étirent dans un plan horizontal, le stretch *doit être ressenti en premier lieu dans les poignets. Il envahira petit à petit les bras, puis les épaules jusqu'aux omoplates.*
Si la sensation musculaire descend vers la partie moyenne du dos, vérifier alors qu'il n'y a pas de contraction des muscles abdominaux.

8. *Le même mouvement peut se réaliser en entrelaçant les doigts en position de* stretch *des membres supérieurs, et en rentrant le ventre de telle sorte que la tension exercée sur les bras suive la contraction progressive des abdominaux et des fessiers.*
Le dos se tend alors comme un tissu unique des épaules aux fessiers.

9. *Mains en appui devant les genoux. Allonger et creuser le
dos, du bas de la colonne vertébrale jusqu'à la nuque. Le tronc
doit littéralement s'encastrer à l'intérieur des cuisses afin de
permettre une meilleure position du bassin.*

10. *La nuque est allongée, les bras sont collés le long des jambes.*
La prise des mains se fait par le bord externe des pieds. Les bras fléchis tirent puissamment sur les pieds, tandis que le dos se contracte.
Conserver pendant toute la durée du mouvement la nuque dans le prolongement du dos, le regard vers le sol.
Stretch global du dos, ressenti de plus en plus profondément au fur et à mesure que la technique s'affine.

11. *La position de départ est identique à la précédente, mais pendant le* stretch, *la tête se relève, et quand la contraction des muscles vertébraux atteint son maximum, serrer lentement les fessiers jusqu'à sentir une impression de chaleur au niveau du sacrum.*

12. *Le mouvement suivant, nuque en extension, permet deux localisations du* stretch :
— *en creusant les reins, contracter progressivement le dos (en serrant les omoplates), coudes placés le plus en arrière possible :* le stretch *parcourt tout le dos ;*
— *même exercice en rentrant le ventre :* le stretch *se limite à la moitié supérieure du dos.*

13. *Le mouvement se pratique en deux temps :*
— traction des bras par l'intermédiaire des points d'appui des talons ;
— contraction des muscles de la colonne vertébrale.
Le stretch *final consiste en l'allongement de la nuque, qui s'aligne sur le reste du dos.*

14. *Les doigts s'écartent, les mains se redressent au maximum, dégageant les paumes qui se tendent et entraînent chacune de leur côté le bras et l'épaule correspondants.*
Le stretcher *repousse deux murs imaginaires en se concentrant sur l'énergie accumulée au creux de ses mains.*

14 *bis. Détail du mouvement 14.*

15. *Les doigts sont entrelacés et semblent tirer les mains en arrière et vers le haut.*

Les épaules se rapprochent sensiblement l'une de l'autre, tout en conservant les bras le plus à la verticale possible.

La nuque s'allonge, regard porté vers le sol.

Stretch de la partie moyenne et haute du dos, des épaules et des bras.

16. *Position de base, paumes des mains dirigées vers l'arrière. Se concentrer sur le travail des pouces tendus, qui entraînent progressivement les mains en rotation externe.*
Répéter le stretch *les bras placés à 30°, 90°, puis à la verticale de chaque côté de la tête.*

17. *Placer ensuite le tronc horizontalement, et répéter le mouvement bras en rotation interne, à différentes hauteurs.* Stretch *très complet des épaules.*

18. *Agripper le genou, main bien à plat, l'autre main étant seulement en appui sur la fesse opposée. La jambe servant d'appui doit résister à la traction du bras. Le mouvement consiste à prendre un appui actif sur le genou immobile, afin de permettre une rotation du tronc et de la tête dans le même sens. Le regard se porte de plus en plus haut et en arrière, entraînant tête et tronc dans un mouvement de pas de vis géant. En fin de* stretch, *les côtes basses viennent s'appuyer sur le bassin, favorisant quelques degrés supplémentaires de rotation des vertèbres dorsales.*

19. *Le bras placé en avant cherche un point d'appui imaginaire dans l'espace. Se concentrer quelques secondes sur ce bras devenu immobile et pesant, en imaginant la main littéralement immobilisée par un clou.*

Tout en conservant le bassin fixé, tendre l'autre bras vers l'arrière. Le stretch *débute à cet instant. Le bras mobile s'étire et glisse vers l'arrière, cherchant à s'aligner sur l'autre bras. Mobilisation importante des vertèbres dorsales.*

20. *Les deux bras dans le prolongement l'un de l'autre. Au milieu de cette colonne, le tronc va tenter d'effectuer une rotation maximale. Ce* stretch *n'est réalisable que dans la mesure où le bras tendu en l'air s'étire verticalement pendant le mouvement, afin de conserver son axe de départ. La tête tournée vers ce bras cherche à porter le regard à l'extérieur du petit doigt, accentuant ainsi la rotation vertébrale. Le tronc se tord, telle une serviette mouillée que l'on voudrait essorer. Comme dans tout* stretch *asymétrique, répéter le mouvement deux fois de chaque côté.*

21. *Une main posée sur la fesse, pouce dans l'aine, va contribuer, par la poussée exercée sur la cuisse, à redresser le tronc, tandis que l'autre main agrippe le poignet en appui, afin de provoquer par sa traction horizontale une rotation du tronc en sens inverse.*

C'est un stretch *complexe de mobilisation vertébrale et du bassin.*

22. *Les mains coincées sous la voûte interne des pieds vont permettre un point d'appui solide. L'un des bras reste fléchi, tandis que l'autre se tend, amenant l'épaule homo-latérale vers le bas.*

Poursuivre volontairement le mouvement de l'épaule vers le sol, et l'amplifier par la rotation forcée de la tête.

Le stretch *intéresse le cou et l'arrière-bras jusqu'à l'omoplate.*

23. *Les pieds sont alignés. Le poids du corps aux deux tiers de la jambe avant. Le talon arrière relevé afin de permettre cette position d'appui au départ. Progressivement étirer les bras vers le haut et enfoncer le talon de la jambe arrière dans le sol.*
La petite respiration permet de mieux supporter l'étirement du mollet de la jambe arrière. Cette tension décroît avec l'entraîne-ment et ne présente par ailleurs aucun danger de rupture musculaire ou tendineuse. Excellente préparation aux sports d'impulsion (vitesse, saut, danse).

24. *Au départ, les mains sont placées sur le front, coudes bien écartés, de manière à incliner latéralement le haut du corps, sans que s'exerce une rotation des vertèbres.*
Ne pas porter tout le poids du corps sur une seule jambe, mais bien répartir les appuis au sol.
Le stretch *est la résultante de l'inclinaison du tronc et de la traction latérale des bras. Seul le bras placé le plus haut entraîne l'ouverture homo-latérale des côtes.*

25. *Glisser les doigts sous la voûte interne des pieds. La tête relevée reste immobile. Les coudes, par leur poussée, vont obliger les genoux à s'écarter tandis que les fessiers tendent à descendre vers le sol.*
C'est un stretch *articulaire des hanches, ressenti particulièrement dans le creux de l'aine.*

26. *L'opposition « terre-ciel ».*
Le bras tendu, la main bien à plat, semble supporter la voûte céleste. Le bras dirigé vers le bas repousse la terre.
Poussée d'un bras et traction de l'autre s'annulent dans un stretch *croisé du dos.*
Le regard cherche l'horizon, facilitant le placement de la colonne cervicale.

27. *En appui unilatéral, jambe tendue.*
Saisir le cou-de-pied, et pousser progressivement sur la main,
afin de mettre la cuisse en tension.
La jambe fléchie reste à la verticale, la position en rectitude du
dos est assurée par l'autre bras dirigé vers le haut.
Stretch *de la cuisse et des membres supérieurs.*

28. *La poussée progressive des bras vers le bas s'accentue avec l'effort délibéré d'enfoncer les pieds dans le sol.*
Ce stretch *sollicite les muscles attachant la colonne vertébrale aux omoplates.*
C'est de surcroît un excellent mouvement de maintien du dos.

29. *Les genoux légèrement écartés, pieds parallèles, le bassin fixé, le regard à l'horizontale.*
Étirement vers le haut, associé à la contraction volontaire et progressive des muscles internes des cuisses, des fessiers et des abdominaux.
Ce stretch *peut être réalisé avec un écartement plus ou moins important des genoux.*

30. Ce stretch *est un étirement en arc du menton jusqu'au genou.*

La difficulté consiste à ne pas amplifier exagérément la cambrure lombaire, afin de sentir une bonne répartition dans l'étirement.

Aidées du regard, les mains entraînent segmentairement le corps vers le haut et en arrière.

Le stretch est efficace dans la mesure où s'exerce une tension globale du pubis au menton.

31. *La position à genoux, assis sur les talons, pieds l'un sur l'autre, permet un étirement global du dos. Celui-ci doit être suivi d'un relâchement front posé au sol, avant d'entamer la grande respiration forcée.*

31 *bis. Position d'arrivée du même mouvement.*

32. *La jambe tendue sur le côté est en appui, pied à plat. Le haut du corps s'incline latéralement du côté de la jambe tendue, sans que les côtes inférieures viennent buter sur le bassin. Les bras tirent le haut du corps sans imprimer de mouvement de rotation au tronc.*
La première tension apparaîtra à l'intérieur de la cuisse tendue, et il faudra passer cette barrière musculaire avant de sentir l'étirement des espaces intercostaux.

33. *Le pied est fléchi en direction du corps. Le tronc s'incline vers l'avant, les bras et la tête dans le prolongement du dos. Stretch très puissant des muscles postérieurs de la jambe et du dos.*
Ne pas oublier de conserver sur l'appui arrière un angle de 90° entre la cuisse et la jambe.

34. *Position de départ : un genou en terre, l'autre jambe en appui devant et fléchie à 90°.*
Le genou de la jambe arrière quitte lentement le sol, tandis que les bras s'étirent vers l'avant en restant dans l'axe de la tête et du dos.
En fin de mouvement, le stretch *intéresse particulièrement le ventre et la face antérieure de la cuisse correspondant à la jambe tendue.*

34 *bis. Position d'arrivée du même mouvement.*

35. *Une main en appui ferme sur le talon, c'est le socle.*
Le stretch *est croisé, c'est-à-dire que partant de la main
ouverte, il descend le long du bras, passe sur les côtes, croise les
abdominaux et se termine sur la cuisse opposée.*
*L'efficacité du mouvement est augmentée par la contraction
globale des fessiers, liée à une poussée du bassin vers l'avant.*

36. *La main placée à l'intérieur du genou exerce une poussée
contre-résistance sur la cuisse, tandis que l'autre bras s'étire vers
le ciel.*
*C'est une autre forme d'appui « ciel-terre », où l'effet méca-
nique de la poussée manuelle sur le genou se conjugue avec
l'étirement actif du bras et de la région scapulaire.*

37. *Le socle est représenté par l'ensemble de la jambe avant.*
La main tire contre-résistance sur le genou immobile, provo-
quant une rotation de grande amplitude.
La tête suit le mouvement et le regard se porte sur la main qui
s'éloigne à l'infini.
C'est un stretch *des muscles rotateurs du dos.*

38. *Les deux cuisses sont ouvertes suivant un angle de 90°. Le dos s'incline vers l'avant, une jambe tendue, pied bien relevé, l'autre jambe fléchie à 90°.*
La position du dos est fonction de la souplesse du bassin, fixé le plus en avant possible. Plus le dos est incliné vers l'avant, plus le mouvement est efficace.
Stretch *du haut du corps, par traction des bras et étirement des muscles rotateurs des hanches.*

39. *En s'aidant d'une traction ferme des mains sur les avant-pieds, amener l'ensemble du dos incliné vers l'avant. Si votre souplesse le permet, relever les talons en fin de mouvement.* Stretch *du dos et des jambes.*

40. *Le* stretch *du dos se fait en deux temps :*
— les mains tirent sur les genoux, provoquant une anté-version
du bassin ;
— le tronc s'incline légèrement vers l'avant, le dos se creuse, la
tête cherche à s'élever le plus possible. Tourner alors lentement
la tête d'un côté sans à-coup, et en recherchant la mobilité
extrême de la colonne cervicale. Le regard se déplace dans un
plan horizontal. Mobilisation des rotateurs de la nuque et des
insertions musculaires hautes du crâne.

41. *Même position de départ que dans le mouvement précédent.*
L'ancrage des mains sur les genoux est, rappelons-le, particulièrement important. Il permet non seulement d'amener le bassin vers l'avant, mais aussi de placer le dos, les épaules basses.
Le stretch *consiste ici à laisser descendre la tête sur le côté, sans rotation et tout en maintenant la tonicité du dos, qui reste vertical.*

42. *Mains en appui sur les genoux, contracter l'ensemble du dos, et dans le même temps avancer progressivement le menton en avant.*
Mobilisation particulière de la 6ᵉ cervicale sur la 7ᵉ.
Ce mouvement favorise la vascularisation de la nuque et des épaules.

43. *Le bassin se fixe le plus en avant possible.*
La nuque est rectiligne.
Les mains relèvent l'extrémité des pieds ; tandis que le dos
s'allonge, les épaules restent basses, le thorax bien dégagé.
Stretch *du dos, associé à une mise en tension des articulations*
du cou-de-pied.

44. *Les bras dans l'axe du tronc, les jambes tendues, pieds relevés.*
C'est une position idéale pour réaliser un stretch *global, qui, partant des orteils, parcourt la face postérieure des jambes, des fessiers, du dos, et se prolonge par les bras.*

45. *Il est important, dans les premières leçons de* Stretching, *de ne pas réaliser ce mouvement la tête dans l'axe du corps, mais inclinée sur le côté afin d'éviter tout étirement brutal de la colonne cervicale.*
Les mains tiennent fermement les pieds, les genoux se tendent au maximum, entraînant un stretch *des muscles postérieurs des cuisses et du bas de la colonne vertébrale.*

46. *En appui mains à plat, soulever les fesses au-dessus des talons, en évitant de trop cambrer le dos.*
Stretch *de la face antérieure des cuisses.*

47. *Assis en tailleur, les bras en appui loin du corps. Laisser tomber souplement les genoux de chaque côté. En redressant le dos, maintenir une poussée des mains vers le sol, ce qui a pour effet d'étirer les muscles des avant-bras.*
Dégager la poitrine, maintenir le regard à l'horizontale.

48. *Ce mouvement termine le plus souvent une séance de*
Stretching.
C'est une prise de conscience de la totalité du poids du corps au
sol.
Pendant le stretch, *les talons vont entraîner les jambes vers le*
bas, tandis que les paumes des mains tirent les bras vers le
haut.
Sous le contrôle de la volonté, le corps s'écartèle dans deux

directions opposées, sans aucune restriction musculaire, ni recherche de placement.

Ce stretch *permet de retrouver l'axe idéal du corps, et doit être suivi d'une dizaine de grandes respirations douces, quand il clôt une séance de* Stretching.

LE STRETCH-BARRE

Nous abordons ici un autre aspect du *Stretching*. Le bâton, utilisé comme support ou comme arme de combat, se retrouve dans toutes les civilisations, de quelque pays que ce soit. Celui-ci est léger, de taille moyenne (1,45 m), terminé par deux embouts, et va permettre une multitude de variations dans l'exercice du *Stretching*. C'est le compagnon idéal du *stretcher* isolé qui veut progresser dans sa technique personnelle.

Il y a transfert des points d'appui au sol, ou dans l'espace, sur le *stretch-barre* qui devient un véritable levier organisant et répartissant les étirements. Il est préférable de ne pas utiliser d'emblée cette technique particulière, et rien ne peut remplacer la leçon de *Stretching* classique dans l'apprentissage des sensations du corps.

Certains exercices seront effectués en utilisant toute la longueur du bâton, pieds et mains venant assurer leurs appuis sur les butées placées aux extrémités. D'autres fois le bâton sera utilisé partiellement, assurant un ou plusieurs points d'appui, à moins qu'il ne serve de point de repère horizontal ou vertical.

49. *La flexion de genou est accentuée par la traction exercée sur le bâton. Le bassin se trouve dans une position de verrouillage particulièrement propice à un allongement de la région dorsale et cervicale.*
Comme dans la plupart des stretchs, *ne pas chercher une contraction musculaire brève et brutale, mais progressive et profonde. L'appui unipodal, jambe tendue, nécessite une prise de conscience encore plus grande des trois appuis au sol (talon, gros orteil, petit orteil).*

50. *Coincer le bâton au niveau du pli fessier, en maintenant fermement les appuis des pieds au sol.*
La traction des bras sur le bâton permet un bon équilibrage des contractions musculaires du dos.
La nuque reste tendue, les épaules basses.
Stretch *du dos.*

51. *C'est le* stretch *de l'arc sous-tendu. L'effort se porte sur le coude fléchi en avant, qui décrit un arc de cercle dans le plan horizontal, entraînant l'ouverture des côtes et l'étirement des muscles situés entre ces côtes. Ne pas relâcher brusquement l'effort lors de l'expiration profonde. Noter la position active des mains qui semblent vouloir enfoncer le bâton dans le sol.* Stretch *très intense des muscles intercostaux.*

52. *Tenir le bâton à pleines mains.*
La tête tourne en sens inverse de la rotation, afin d'obtenir un
stretch complet, homo-latéral, de la poitrine et de l'épaule
placée du même côté.

53. *Les avant-bras sont presque horizontaux et poussent le bâton dans le creux des reins. Le thorax s'ouvre en haut et en avant, le* stretch *finit par se localiser dans la cage thoracique supérieure, juste en dessous des clavicules.*

C'est une mise en tension de la petite musculature servant à l'inspiration forcée.

Ces muscles courts sont bien souvent délaissés ; ils sont particulièrement importants pour les gens angoissés, qui étudient les techniques de respiration profonde.

54. *Position de départ.*
Le bâton servant de levier au stretch, *il est indispensable dans
un premier temps d'arrondir le dos afin de préciser la charnière
vertébrale choisie dans l'exercice.*

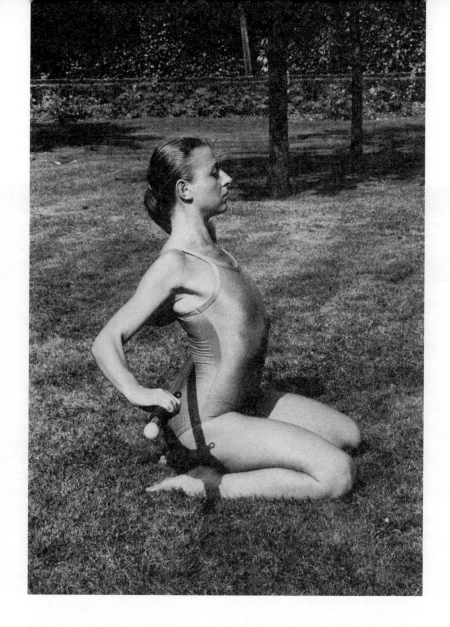

55. *Suite du mouvement 54. Se redresser lentement autour de l'axe du bâton, en amenant fortement les coudes vers le bas. Ce* stretch *permet de prendre conscience de la mobilité de chaque vertèbre. Le dos se contracte, les omoplates se rapprochent de la colonne vertébrale.*

56. *Placer les mains bien à plat sous le bâton. Le dos s'incline
en avant, tête dans le prolongement.*
Le stretch *s'exerce sur toute la fine musculature des avant-
bras.*

57. *Le placement du bâton est fonction de la souplesse des épaules ; il doit être le plus près possible de la base de la nuque.*
Soulever progressivement la tête en maintenant le haut du dos et les épaules au sol. Les jambes restent fléchies, les pieds bien ancrés au sol. Contracter le ventre lentement mais puissamment tandis que la tête se soulève.
Stretch *de la colonne cervicale.*

58. *Le bâton doit être coincé par les orteils. La traction des bras sur le bâton oblige la partie haute du dos à se redresser, le bassin basculant vers l'avant. Les talons décollent du sol, le* stretch *s'exerce derrière les jambes, les fessiers, et au niveau de la colonne lombaire.*

59. *La tête est en appui sur le bâton, qui devient un point fixe.*
Tout en maintenant la pression de la tête sur le bâton, tirer le dos vers le bas, en accentuant la flexion des genoux.
Le stretch *s'exerce au niveau de la colonne cervicale, efface sa courbure, soulageant ainsi la pression qui s'exerce sur les corps vertébraux.*
Stretch *de la nuque et des omoplates.*

60. *Les bras restent tendus, les pointes de pieds en appui permettent la poussée des talons vers l'arrière.*
Si le manque de souplesse gêne l'extension complète des jambes, fléchir légèrement celles-ci de façon très égale, afin de ne pas perturber l'équilibre du sacrum.
Les premières fois, incliner la tête sur le côté, pour ne pas solliciter d'emblée la colonne cervicale.
C'est un stretch *global du dos et des jambes.*

61. *Les bras tendus, les mains tenant fermement le bâton permettent une mise en résistance des cuisses tandis que le dos se redresse.*
C'est un stretch *qui intéresse autant le dos que l'intérieur des cuisses.*

62. *Le bâton est en appui à l'extérieur du pied et à l'intérieur de la cuisse. Tout en maintenant l'autre extrémité du bâton, réaliser un* stretch *de la hanche et des muscles placés à l'intérieur de la cuisse du même côté.*
Pour cela, il suffit d'opérer une poussée du bâton contre la cuisse, qui se contracte et résiste.

63. *Noter la position horizontale des deux avant-bras. Seule la main placée en arrière est active et pousse le bâton vers l'intérieur du corps.*

Le stretch *intéresse la partie basse de la colonne vertébrale et tous les muscles s'insérant des vertèbres au bassin.*

Le regard se porte vers l'extrémité inférieure du bâton.

Tout l'axe vertébral tend vers une rotation maximale.

64. *Le bâton est placé dans l'axe du corps, maintenu par les*
mains, coudes écartés.
Pendant le mouvement, amener lentement le dos en contact
avec le bâton, tandis que le sommet de la tête s'élève le plus
possible.
Stretch *de placement de l'ensemble de la colonne vertébrale.*

65. *Le mouvement est la résultante de l'appui du dos, collé au bâton, et du coude placé en l'air qui se porte vers l'arrière, provoquant un étirement global de la musculature antérieure de l'épaule.*

66. *Tandis que la main repousse le ciel, le corps prend appui sur le bâton, au niveau du pli interfessier, afin de permettre à la jambe arrière de se tendre complètement, talon « enfoncé » dans le sol.*
Les deux pieds doivent être sensiblement dans le même axe.
Stretch en arc, de la jambe tendue, du dos et du bras.

Le « Stretching » dans la vie

Dans les pages qui précèdent, nous avons vu les grands principes de cette méthode. L'étude analytique d'une série de mouvements a permis d'envisager une approche de la connaissance du corps, et le *Stretching* est apparu entre autres comme une éventualité prophylactique et même thérapeutique au service de l'homme. Autrement dit, utilisation du corps pour sauver le corps et peut-être son prolongement que l'on appelle l'esprit.

Cette philosophie n'est crédible que dans la mesure où nous acceptons d'avoir confiance en nos possibilités. Le *Stretching* est un moyen de redécouvrir ses racines, et de les planter solidement en terre, afin que l'esprit s'élève sans contrainte à des sommets encore jamais atteints. J'insiste encore sur le pouvoir de l'authenticité de l'homme, car son salut ne peut venir que de lui-même et non des mille artifices, petits ou grands, qui l'entourent.

Les faiblesses consenties, la drogue, l'argent, la politique ne sont bien souvent que de mauvaises excuses qui éloignent l'homme de son axe et donnent une piètre image de lui, dans le grand écran de la vie.

L'illustration la plus évidente de la chute de l'homme vers des abîmes de solitude est son manque de communication, voire même son incapacité d'extérioriser toute sensation ou sentiment. Je suis étonné et peiné de voir combien certains adultes sont gênés de simplement respirer amplement les uns devant les autres pendant un cours. Que de chemin à parcourir et de tabous à brûler !

De même, beaucoup d'élèves sont incapables de trouver la position de *Stretching*, dos droit, jambes fléchies, ventre relâché. Le ventre souple, générateur d'un centre important d'énergie, n'existe même plus pour eux, et quant au bassin, il reste littéralement soudé vers l'arrière, symbolisant toutes formes de rigidité physique et mentale. C'est pourquoi il est si important de retrouver son corps, et ensuite de le préserver, afin de ne pas tomber dans une lassitude et un oubli de soi-même lourds de conséquences.

Le *Stretching* dans la vie doit devenir un réflexe, une manière de dire « j'existe », et nous allons donner quelques exemples de son utilisation dans la vie courante.

Au bureau

Les longues heures passées au bureau sont responsables de trois groupes d'inconvénients majeurs.

La sous-oxygénation

Écrire ou lire replié sur soi-même ne favorise pas les échanges gazeux indispensables à une bonne ventilation et à une irrigation normale du cerveau. Respirer insuffisamment nous expose progressivement à une forme de léthargie incompatible avec l'attention soutenue que nécessite un travail intellectuel.

L'atonie musculaire

Le corps passe progressivement d'une attitude d'éveil et de tonicité à une position de relâchement et d'abandon. Petit à petit la présence du corps s'estompe, le couple « corps-esprit » se dégrade, l'état de vigilance décroît. Avec un peu d'habitude, cette apathie se perçoit immédiatement lorsqu'on pénètre dans un bureau, et la silhouette avachie d'un employé assis sur sa chaise depuis plusieurs heures est tout à fait révélatrice.

Les douleurs articulaires et musculaires

Elles signent à long terme la dégradation des attitudes décrites ci-dessus. La colonne vertébrale dans son ensemble, et les muscles de la nuque en particulier, sont touchés. D'ailleurs nombre de céphalées et de troubles de la vue ont pour origine un disfonctionnement de cette colonne cervicale devenue vulnérable.

Pour pallier ces différents inconvénients, voici quelque *stretchs* facilement réalisables (voir page suivante).

Le travail debout

Le travail en station debout prolongée est fatiguant, usant, sans qu'on sache souvent ce qu'il altère le plus, le squelette ou le système nerveux. En fait il y a autant d'aspects de cette fatigue qu'il existe de professions. Certaines nécessitent de piétiner sur place, d'autres d'effectuer de très courts déplacements, voir même de s'immobiliser de longues minutes sur un travail précis. En gros, l'énergie mécanique dépensée dans le travail debout dépasse de 20 à 50 % celle brûlée au cours d'une activité normale de bureau.

Les différentes sortes de fatigue observées ne sont pas toujours liées dans leur intensité à la longueur des déplacements, mais par contre il apparaît souvent une sous-oxygénation en relation avec l'effort d'attention demandé. Généralement, le corps se libère mieux dans les déplacements de grande amplitude, mais chaque mouvement en raccourci nécessite de la part de la grande musculature dynamique un effort d'adaptation qui coûte de l'énergie.

De plus les articulations, petites ou grandes, sont continuellement à la recherche d'un point d'équilibre extrêmement précaire et des surpressions peuvent apparaître, favorisant l'usure précoce des systèmes protecteurs de l'articulation.

La circulation sanguine veineuse est, elle aussi, exposée à une dégradation plus lente, mais tout aussi gênante à long terme.

Finalement, toute répétition gestuelle précise, toute station debout prolongée, demande un rééquilibrage des différentes tensions exercées sur le corps, afin quele squelette, les articulations, les systèmes circulatoires et nerveux puissent retrouver leur plein effet.

Le mythe de la santé par le travail manuel est largement dépassé, et je n'en veux pour preuve que le nombre impressionnant d'ouvriers, de maçons, de femmes de ménage ou de fervents du jardinage, qui se pressent dans les cabinets médicaux, meurtris dans l'exercice de leurs tâches.

Pour ceux-là, comme pour les prisonniers du bureau, une séance quotidienne de 20 minutes de *Stretching* serait indispensable. Elle devrait s'effectuer une à deux heures après la fin du travail, de manière à respecter un temps de retour au calme relativement important.

Ajoutons que cette séance est tout de même insuffisante pour beaucoup, et qu'il faudrait imaginer

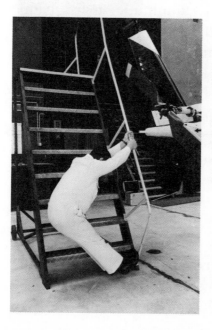

quelques *stretchs* répartis régulièrement dans la journée. Voici quelques exemples de ces situations particulières.

À l'atelier

Il faut contrebalancer les efforts fournis presque toujours dans une même position et qui, à la fin de la journée, correspondent à une accumulation de charges déplacées impressionnante, de l'ordre de plusieurs tonnes selon les professions.

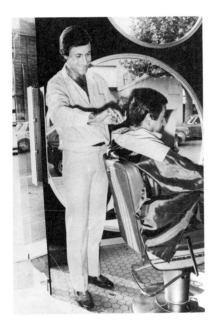

Le coiffeur

Il fait partie de cette catégorie professionnelle effectuant de petits déplacements liés à de multiples positions de travail peu contraignantes, mais fatigantes à la longue. Il essaiera donc de trouver quelques *stretchs* débloquant son dos et favorisant la circulation sanguine des membres inférieurs. Il pourra même lier les deux comme dans le *stretch* ci-contre.

Le dentiste

Une attention soutenue n'implique pas forcément une mauvaise attitude de travail. Ce dentiste à la pointe des progrès de l'ergonomie a résolu par son organisation les problèmes d'attitude et de déplacement.

Malheureusement encore pour la grande majorité des membres de cette profession, les conditions difficiles de travail se traduisent par des douleurs cervicales et dorsales.

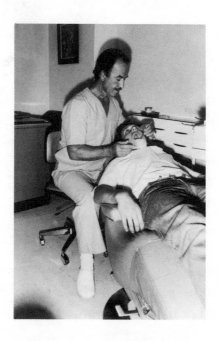

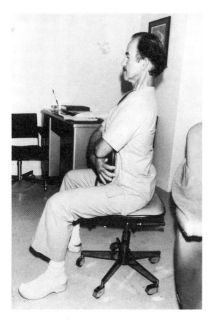 

Le musicien

L'un des plus touchés est le violoniste, en raison de la difficulté que représente la prise de l'instrument et de l'archer. Les muscles du cou, du bras et de l'avant-bras réalisent un véritable berceau où viendra se placer le violon. La multiplication des heures de travail engendre une tétanisation de plusieurs groupes musculaires et des déformations au niveau des articulations vertébrales. Il est donc nécessaire d'entretenir la souplesse et la tonicité du tronc et des membres supérieurs, non seulement chez les violonistes, mais pour la plupart des musiciens.

De plus il n'existe pas de musique sans respiration sous toutes ses formes. Par extension, « respirer » sa musique et lui donner tour à tour vigueur et nuance demande un contrôle de tous les instants. L'étude des respirations du *Stretching* associée à l'étirement ne peut qu'améliorer cette fonction.

Les pianistes souffrent quelquefois de tendinite des fléchisseurs des doigts. Ils peuvent régulièrement effectuer le *stretch* nᵒ 47 ou l'adapter de la manière suivante.

L'automobiliste

Les longues heures passées au volant, que ce soit en agglomération ou sur la route, engourdissent le corps, et par le phénomène des ondes micro-traumatiques amplifiées par l'irrégularité des revêtements, on constate toute une pathologie spécifique, par exemple du camionneur ou du représentant de commerce. Est-il

encore besoin de rappeler combien la qualité du siège
et la position du chauffeur sont primordiales ? Véritablement moulé au corps, le siège doit être réglé en
hauteur, en profondeur et en inclinaison. Le conduc-

teur doit se trouver placé dans l'axe du volant et des pédales, qu'il doit pouvoir atteindre sans efforts.

Les *stretchs* au volant permettent de réajuster le corps dans une position correcte, et de conserver l'éveil et l'attention nécessaires à la conduite.

Les *stretchs* en fin de parcours favorisent la régulation indispensable des tensions musculaires et articulaires engendrées par la conduite.

À la maison

Faire les lits, repasser, cuisiner, passer l'aspirateur, autant de tâches ingrates qui, le plus souvent, se réalisent dans des positions difficiles. Non seulement

l'ensemble des attitudes de la ménagère fatigue le squelette, mais l'accumulation des charges à soulever, pousser, tracter, déplacer, expose à longue échéance à des accidents articulaires.

C'est pourquoi l'activité domestique ne peut être envisagée comme une sorte de mise en forme journalière, mais comme un travail astreignant qui nécessite aussi des compensations. Dix minutes de *Stretching* à la fin du ménage constituent un minimum à ne pas négliger. Effectuer par exemple deux *stretchs* de chaque position (debout, à genoux, assis). Voir n°⁵ 3, 5, 29, 33, 44.

Ne jamais oublier que la topographie des lieux permet en général des situations de *Stretching* qu'il faut savoir utiliser.

L'enfant et le « Stretching »

Il existe encore un pourcentage très important d'enfants souffrant d'un mauvais schéma corporel, qu'ils auront grand-peine à améliorer tout au long de leur existence. Pour ceux-là, le port du cartable, l'attitude assise en classe et à la maison, ajoutée à bien d'autres situations défavorables de la vie courante, risquent d'engendrer déformation et fragilité. L'enfant plus que l'adulte est pourtant prêt à découvrir son corps et à le protéger, pourvu qu'il lui soit proposé des exercices compréhensibles dignes d'intérêt.

Je suis toujours surpris de voir, pendant nos stages, combien de jeunes enfants réalisent des exercices complexes et intègrent encore plus facilement que les adultes les grands principes d'étirement, de contraction et de relâchement. Le *Stretching* est pour les enfants une merveilleuse école du corps qui complète fort bien les jeux naturels dont eux seuls ont le secret inventif.

En avion

Les voyages répétés en avion fatiguent le corps et accentuent les troubles circulatoires. L'habitué des longs-courriers connaît fort bien les petites astuces qui limitent les effets du *Jet travel* : vêtements amples, chemise non serrée au col et au poignet, petits chaussons aux pieds, ou grosses chaussettes de laine, foulard de soie pour les gorges facilements irritables, et surtout boire souvent de l'eau car la déshydratation est importante. S'il n'est pas encore possible de faire une séance de gymnastique dans ces énormes paquebots volants, par contre une séance de *Stretching* assis confortablement dans un fauteuil est tout à fait réalisable.

L'hôtesse de l'air

Plus que tout autre, le navigant est exposé aux méfaits des longs séjours en altitude et en atmosphère artificielle. L'hôtesse qui pousse son chariot ou le retient, qui se penche des milliers de fois en direction

152

d'un client, va très souvent s'exposer à de futurs troubles de la statique vertébrale. Un *stretch* de quelques secondes répété de temps en temps préserve son dos et lui redonne le tonus nécessaire.

Conclusion

Domestiquer une technique et pouvoir l'utiliser à tout moment de sa vie, tel est donc le projet du *Stretching*. Bien sûr il faut avoir la patience du sculpteur pour remodeler son corps et faire en sorte que l'enveloppe soit belle de l'extérieur et en harmonie avec l'intérieur. Pour mieux se connaître et devenir l'artisan de soi-même, il faut d'abord apprendre à placer son corps. L'étude, en début de séance, de la position clef du *Stretching* permet de s'enraciner au sol, et grâce à cette puissante assise, de découvrir l'immense puzzle de notre corps.

Après cette prise de conscience indispensable, commence la longue marche du *Stretching*. C'est un chemin de découverte, de sensation et de paix intérieure, pour ceux qui ont la patience et la curiosité d'eux-mêmes.

S'approcher des sommets du bien-être et de la sagesse nécessite une démarche différente en fonction de chaque individu, et si nous nous penchons un jour sur le lac paisible ou tumultueux de notre propre vie, une seule image apparaîtra : la nôtre. A nous de l'accepter telle quelle, dans l'espoir de trouver plus tard le chemin de la métamorphose. Respiration, étirement, souplesse, tonification musculaire seront plus ou moins perçus dans un premier temps. Peu importe, car l'instinct en éveil jouera un grand rôle dans la conduite personnelle de l'exercice et rapidement les différentes formes de sensation et d'acquisition s'équilibreront tout naturellement.

Le *Stretching* dans la vie est un flash d'indépendance de l'esprit et de domination du corps. Même furtivement il doit être vécu comme une pulsation rythmique intense, et répété le plus souvent possible. Retenons pour finir les paroles de Josée : « Pour mieux se remplir de sensation, il faut commencer par se vider de nos craintes, de nos tabous, au seul risque de recevoir encore plus au terme du cheminement. »

Au-delà d'une mode, le *Stretching* peut être l'aube d'un printemps de bonheur... si le cœur vous en dit.

Table des matières